HETONG DINGLIJIQIAO
YU FENGXIAN FANGFAN

合同订立技巧与风险防范

◎ 曾水深 / 编著

中央民族大学出版社
China Minzu University Press

图书在版编目（CIP）数据

合同订立技巧与风险防范/曾水深编著. —北京：中央民族大学出版社，2013.4

ISBN 978－7－5660－0416－1

Ⅰ. ①合… Ⅱ. ①曾… Ⅲ. ①合同法—研究—中国 Ⅳ. ①D923.64

中国版本图书馆 CIP 数据核字（2013）第 063837 号

合同订立技巧与风险防范

编 著 者	曾水深
责任编辑	苏 虹
封面设计	布拉格
出 版 者	中央民族大学出版社
	北京市海淀区中关村南大街27号　邮编：100081
	电话：68472815（发行部）　传真：68932751（发行部）
	68932218（总编室）　　　68932447（办公室）
发 行 者	全国各地新华书店
印 刷 厂	北京宏伟双华印刷有限公司
开 本	787×1092（毫米）　1/16　印张：10.75
字 数	160 千字
版 次	2013 年 4 月第 1 版　2014 年 11 月第 4 次印刷
书 号	ISBN 978－7－5660－0416－1
定 价	30.00 元

版权所有　翻印必究

内容提要

本书根据对经济合同纠纷仲裁、调解、咨询、管理和档案文本的分析，指出了经济合同纠纷主要表现有四种形式：主体不合格，条款不齐全，用语不准确，单方不履约，并以此为基础提出了合同订立的技巧与风险防范，即把好真实关、资格关、能力关、条款关、鉴（公）证关。全书写作理论阐释与案例分析相结合，深入浅出，通俗易懂，实用性强。

本书主要适应对象

一、中小型企业和个体工商户，农村种植、养殖、农产品加工专业户和专业经济合作社等经济主体。

二、刚走出校园步入经济海洋的大、中专毕业生创业者。

三、乡村文化馆、站（室）及农家书屋传阅、存例。

四、合同文本书写代理服务。

序　言

"学而时习之，不亦说乎？"（《论语·学而篇》）我与水深兄自1987年相识、相知已有25个年头，他长期扎根基层，工作在市场监管部门的第一线——工商行政管理所，从事经济合同管理、鉴证和仲裁的实务工作，身处底层，心系大众，调处合同纠纷案件数千起，运用法治思维和法治方式调解纠纷、化解矛盾，维护市场秩序，是中国市场经济发展的见证者、参与者、护航者、推动者。更难能可贵的是，他善于学习与思考，立足岗位，并不断积累，写作出《合同订立技巧与风险防范》一书，体现了一个基层市场监管者的为民情怀。

读罢书稿，颇有感触。在物欲横流、人心躁动的社会转型当下，平凡人的人生应该如何走过？中华传统智慧给我们永恒启迪："穷则独善其身，达则兼善天下"（《孟子·尽心篇》）。作为现代公职人员，只有忠于职守，适应时代要求，把握社会发展变与不变之道，努力做有理论的实践者和懂实践的思想者，才能在优质地服务社会和他人的过程中，不断提升自我，卓越地实现人生价值。人生处处有精彩，不分地域，不分岗位，不分年龄，成功并不等于你挣钱的多少，而是你能给人们生活带来的改变。

中国正在全面建设小康社会,当然,小康社会的建成离不开法治的保障。法治是德治之上的宪政之治,法律是成文的道德,道德是内心的法律。法治建设的进程,标志着社会的文明程度,这有赖于每一位公民特别是国家公职人员对法律的信仰与坚守,让我们共同努力!

戴小明

(教授、法学博士,湖北民族学院院长,中央民族大学、华中师范大学博士研究生导师)

2012 年 10 月 12 日

前　言

　　合同既古老、又年轻，古今中外白纸黑字作载体，字里行间说真事。张张簿纸立书成据，点点滴滴铁证如山。它的作用，大至国家领土分割的历史记载，小至个人发票账单凭证记录，立了不少规，作了无数矩，稳定了人心，减少了纠纷，推动了发展。其时空变迁从商品的出现直至无限的未来，它也必将随着时代的发展走向更加成熟、更加完备、更加科学。

　　正是因为经济合同在现实生产、生活中的无处不在、无时不有，我们在工作和生活中就会随时与合同"结缘"。而只要有合同，就必然有不可逾越的订立程序；但合同看起来简单，其实是一门深奥的学问，包括许多知识、技巧，如果订得不好，可使"万里江山"失于一墨，带来无穷的后患。

　　那么，如何才能订立好经济合同呢？我的同事曾水深同志编著的这本《合同订立技巧与风险防范》帮助我们作了很好的思考和解答。该书重点围绕经济合同订立的事前调查、事中把关、事后履行三个重要环节，用以案说法的方式、方法展开层层深入剖析，深入浅出地阐明了合同订立技巧与风险防范的办法、路径。因此，这是一本很实用的经济合同订立的参考工具书或者说签约者的好帮手。

夏浩波

（作者系浙江省龙游工商行政管理局局长）

2012 年 9 月 28 日

目 录

第一章 合同的主体要件 …………………………………… (1)
  第一节 合同主体的真实性 ………………………………… (3)
  第二节 授权委托书等相关材料的真实性 ………………… (5)
  第三节 特殊行业许可证件的真实性 ……………………… (10)

第二章 合同的实质要件 …………………………………… (14)
  第一节 标的物、经营范围与方式 ………………………… (14)
  第二节 企业性质的形式 …………………………………… (16)
  第三节 依法注册资本金 …………………………………… (18)
  第四节 合同效力与无效合同 ……………………………… (19)
  第五节 法律证件的时效 …………………………………… (22)

第三章 合同的形式要件 …………………………………… (27)
  第一节 条款要齐全 ………………………………………… (27)
  第二节 用语要准确 ………………………………………… (34)
  第三节 标点要清楚 ………………………………………… (44)

第四章 合同的风险防范 …………………………………… (53)
  第一节 证件查询 …………………………………………… (53)

第二节　通讯验询 …………………………………………（57）
　　第三节　问询行家与专业协会 ……………………………（59）
　　第四节　调询政府和管理机关 ……………………………（61）
　　第五节　实地考察验证及咨询 ……………………………（63）
　　第六节　合同的公证与鉴证 ………………………………（69）

结束语 ……………………………………………………………（90）

附　录　合同示范文本和参考文本 ……………………………（92）

致　谢 ……………………………………………………………（156）

第一章 合同的主体要件

本章重点：对合同主体、委托书相关材料、特殊行业许可证的真实性审查。

在未查看合同前，我们首先来简单地了解一下合同的概念、特点、类别、形式和内容。

合同是平等主体的自然人、法人、其他组织之间的设立、变更、终止民事权利义务关系的协议。合同的客观性，就在于它的真实性，不论政权的变迁、历史的更换，它都受当时规章制度、法律的维护。受社会舆论监督和风俗习惯规范。合同具有广义和狭义的理解，狭义理解为经济交往双方当事人签字或盖章的各种经济书面合同。而广义的理解就相当面广了，它除了文本书面类合同外，还有各类简单的依据和发票，甚至是口头合同都属合同的范畴。因为它确实牵涉我们生产生活的方方面面。

一、合同的形式大致分为三种

第一种是口头合同。人们常说口说为凭，其实口头也是合同，现实中有好多行为和场景都是以口头形式的合同来完成的。例如："老王，我们明天一起去北京旅游好吗？"老张提出了要约，老王如从答应，并还提出要约，"老张，那你先替我把去北京的机票买起来吧，机票钱到机场会面时给你。"又如："李阿姨，我现在有点急事，我三岁的孩子春春，烦你给我代看两小时"等等。像这些简单的口头约定行为，它在现象上看，没有书面合同那样严肃认真，其实它的效力是与书面合同一样的，但是也有很多口头合同缺乏有效手段难以提供后来的证据，受客观情况的变化和不确定因素的影响导致履行困难。尤其是当出现合同纠纷时，就容易造成纠纷起伏、真假难辨的被动局面。

第二种是书面合同。此类合同也有两种类型。一种是票证合同,包括各种生活生产的消费类发票、机票、车票、船票、信件、电报、电传、数据电文等。另一种是文体文本合同,它有双方临时约定的临时书写合同和有关专业部门印制的规范格式文本合同、或经经济合同管理监督机构监制企业自备印制的文本格式合同。这种文体合同与文体格式合同是经济交往中最普遍、最常用、最易被人接受和运用的一种文体合同类型,也是本书重点研究的经济合同形式之一。

第三种是其他形式的合同。在现实中如有的押物承诺:如甲方向乙方临时借钱1000元,为了取得乙方的放心,在没有欠条的情况下,甲方将自己手上携带的几千元价值的手表,先抵押给乙方,待甲方还钱后再取回手表。还有货物交换也是一种特有的形式:如用二头猪换一头牛,十斤油菜子换三斤油等等。

二、合同有三个明显特点。1. 是一种具有法律约束力的协议。2. 是当事人之间协商一致的情况。3. 是主体之间的法律地位平等,这也是一份有效合法合同成立的唯有特点。

三、合同类别有:1. 买卖合同;2. 供电、水、气、热力合同;3. 赠与合同;4. 借款合同;5. 租赁合同;6. 融资租赁合同;7. 加工承揽合同;8. 建筑工程合同;9. 运输合同;10. 技术合同;11. 保管合同;12. 仓储合同;13. 委托合同;14. 行纪合同;15. 居间合同等等。

四、合同的主要内容。主要由当事人约定,一般包括以下条款:1. 当事人名称或者姓名和住所;2. 标的;3. 数量;4. 质量;5. 价款或者报酬或者分配方式;6. 履约期限、地点和方式;7. 违约责任;8. 解决争议的方法;9. 运输方式;10. 途中损耗;11. 标准误差;12. 风险责任;13. 合同解除条件;14. 签约时间地点;15. 其他约定事项;16. 当事人签字或盖章;17. 当事人联系方式;18. 当事人银行账号;19. 网址和邮编;20. 公(鉴)证单位意见等。

我们就围绕狭义概念的合同展开讨论,即从书面文体合同出发,采取逐章逐节、从头至尾、顺序渐进、步步深入、以例说理、以实论真、以案说法的方法,进行多角度、多行业、多领域、细致、综合、全面地分析,用简单、通俗、易懂笔调阐述经济合同订立的观点与条件、形成的基础与程序、查询的方法与渠道、考查的内容与依据、避陷的措施与技巧、风险的防范与减少、文本的格式与参考。在本章合同的真实性要件中重点把握好三看，具体归纳为一看证照，二看书（授权委托书），三看行业与特殊。

第一节 合同主体的真实性

合同主体务必真实，证照审查首当其冲。在签约前必须对当事人主体资格进行审查，合同的主体，首先应该真实客观，必须是一个平等主体的自然人、法人、其他组织，签约前必须弄清对方属何种性质的主体，是法人，还是非法人，虽然法人、非法人都有签约资格，但知底是十分重要的。

我们知道，法人是一种以法确立的经济组织和社团机构，它包括企业法人、机关事业单位和社会团体法人，它从成立之日起就具有法人资格。企业事业单位、科技性团体设立具备法人条件的，以及实行企业化经营。国家不再核报经费的事业单位和从事经营活动的科技性团体，本身具备企业法人登记条件的，必须经工商行政管理机关核准登记，取得《企业法人经营执照》才具有法人资格，如股份公司、集团公司、专业合作社等，如果没有法人证照，又以法人的名义签约，那么你就要多留个心眼，多做些调查为好，脑子里多打些问号，千方百计弄清其来龙去脉，否则，很有可能所签的就是一份主体不合格的无效合同。

非法人，也是签订合同的主体。如个体工商户、个体企业、独资企业、合伙企业等，像这种类型的主体亦应具有工商行政管理机关核发的《营业执照》和公司执照，也是国家以法确立的一种经济主体，如果没有证照，那么合同的有效性也难以保证，另外农村种粮承包户、有关的农林专业户，国家没有一律要求他们办证照，而他们依法将承包的经营合同对外开展业务，也具有签约资格。可见一般企业都容易查得证照的信用与资料，下面略举几个不易查获证照信息的合同作为大家的参考。

1. 涉外合同。对涉外合同签约时，更要审好以下几个除证件以外的资质。首先对签订标的额巨大的合同一定要有银行信用担保书，这样能促进双方严格履约，双方如有违约现象均可有效地追究经济或刑事责任。其次是在向外方发贷时，一定凭有效的银行信用证进行发贷，最好其信用证照经银行进行验证确认，以免欺诈行为的发生。再次产品的质量证件要如实，不能为避关和追求效益，以次充好、以好作次，以利于确立国际交往的信誉。

2. 非专利技术转让合同。对于没有国家专利或未经有关部门鉴定的技术，在其转让技术中所签订的交易合同，说实话也确是有点难把握的。因它缺少或没有有效证件，有的可能还缺少理论科学依据。此类合同容易造成技术转让纠纷。造成技术转让合同失效的原因有两个：一是技术上的原因；二是商业风险的原因。合同双方在很大程度上对技术转让中潜在风险估计不足。

为避免或减少纠纷，在签订合同时就应对技术及商业风险等较易引起的纠纷条款慎重对待。转让方在合同中要对非专利技术做好如实说明。既要明确技术的状态，又要明确实施非专利技术所必备的两个基本条件：第一，技术必须是实用的、可靠的；第二，必须能够在合同约定领域内应用。依据技术市场管理办法，能够进行技术交易的技术，不限于能够用于工业标准化生产的技术，还包括在小试阶段、中试阶段的成果，用中试标准来衡量中试阶段的成果，用工业化生产标准来衡量，都可能发现技术上有这样或那样的缺陷。这就要求在合同中，转让方要如实说明技术的状态，不得夸大，不得弄虚作假，不许剽窃他人成果或者假冒他人的经济效益，并要向受让方说明适用技术应具备的条件。如果其隐瞒实情，造成合同无法履行，就应承担相应的责任，转让方对另一方实施技术后的商业风险不负责任。技术转让常常因经营管理、市场行情等因素而失效。应当明确商业风险是与经营管理、市场供求关系等因素有关的，不取决于技术本身，受让方不得以经济效益不好为由，要求转让方赔偿损失。

在实施中，不少合同订有保证经济效益的条款。转让方以此让受让方对技术带来的效益确信无疑，促使受让方接受技术，但如果双方当事人在自愿基础上签订了保证经济效益条款，就应当承认其效力。由于因影响经济效益的因素比较复杂，当事人应当考虑各种影响经济效益的情况和条件，全面客观地预测市场，并在合同中具体载明双方的责任范围，以便在实施技术没有达到约定的效益时，针对原因，明确责任。

一个技术转让项目的投资，少则十几万，多则上百万或千万，一旦失败对双方都造成难以弥补的损失，所以双方当事人在可行性调查的基础上，做好充分的前期论证、期中考实和结果的预计，从签订技术转让合同之日起，就要严格把好关口，特别是对双方的履约能力、技术状态、市场的预测要作全面的了解，以避免或减少技术转让失败，给双方带来经济损失。

　　3. 房屋财产租赁合同的查证关，也是最易疏忽的，其实它有证，但在现实中很少有人去查阅或要求对方举证。近些年来因房屋租赁而发生的纠纷越来越多，这里对有些模糊的认识做一些分析。

　　首先是权属查看。审查出租物有无出租权，只有有出租权的人，才能与其签订合同。那么对出租权的审查必须从四个方面查看：一是看其是否有国有或集体房产和土地使用证。二是其是否属其他市场主体或国家、集体和私企类的公用执照和市场主体证书。三是如是动产物租赁，要看其购制原发票及有效产品证件（或说明书），如无发票自制的财产，应作出书面证明。四是如果中途转租的，那么必须经原出租方的签字或同意后方可和转租方签订租赁合同。

　　如果碰到以下五种情形，不能与其签订租赁合同：

　　（1）未取得房屋所有权证的，没有出租物的发票和来源依据、赃物或权属不清、有争议的。

　　（2）司法机关和行政机关依法裁定，决定查封或者以其他形式限制房屋、财产权利的。

　　（3）属于违法建筑物的，不符合安全标准的。

　　（4）已抵押未经抵押人同意的。

　　（5）有关法律法规禁止出租的其他情况。

　　只有认真查看以上情况后，才能弄清出租物权属关系及当时的处境情况，有利于签约时更有基本底子。

第二节　授权委托书等相关材料的真实性

　　在签约前除对主体的审查外，还务必对授权委托书等相关材料的真实性作认真的检查。因为这些相关材料看起来是合同的配套附件，在相当一部合同中它是必不可少的前置的必要条件，只有了这些附件才能使主体合同合法生效。从而强调相关附件及材料的真实性极为重要。在附件种类中因时、因势、因事、因人名目各不相同。下面我就从最常见最简单的法人委托书、遗书、财产分书三种不同类别附件做一些剖析，以利我们日常把握运用。

一、法人委托书。我们知道多数企业并非厂长、经理、董事长直接出来亲自签订合同，而是通过供销人员或网络、信函、电传等手段来实现签约目的。这里特别要注意的是，凡与非法人代表签订的购销、加工、承揽、联营等合同，按法律规定都应提交签订合同的合法有效的法人委托书，这也是签约的基本道理与常识。在签约前合同主体双方或多方都应认真在委托书上把好四个真实性要点。

1. 是要观察一下委托书的事项，是否在其证照上经营范围内的，不要背离和超越国家和职能部门核定的经营范围，以防出现无效合同。

2. 委托的人和受委人是否与其身份证或工作证件一致。以防超越代理权限签订无效合同。

3. 委托书的有效期不能是过期失效的。以防订立欺诈合同。

4. 委托单位或法人印章及法人代表的签字是否完整和统一。以防张冠李戴、混淆是非签订虚假合同。

大家知道，代理人出来与你签订合同，他（她）们必须事先取得委托单位的委托证明，再根据授权范围以委托单位名义签订，才对委托单位直接产生权利和义务。《民法通则》第65条第二款规定"书面委托代理的授权委托书应当载明代理人的姓名或者名称、代理事项、权限和期间，并由委托人签名或盖章"。因此，这种代理关系是代理人根据授权以被代理人的名义与他人订立合同，由被代理人享有和承担该合同的权利和义务。如果代理人在未取得被代理的委托而擅自以被代理的名义签订合同，那么被代理人既可承担责任，也可不承担责任。承担责任的前提就是要有被代理人的事后追补的口头或书面委托书及有关证件，而在现实中往往是不承担责任为多数，因而造成的代理人和合同的一方当事人不应有损失。这里举个实例供参考。

前些年，浙江省龙游县有家国有粮油公司（法人企业），下设有几个粮食经营购销分站（非法人），而其下属收购点的购销员王某在订购粮食时，发现市场上的草子种相当便宜，购销差价大，利润非常可观。于是王某就独自将购粮食的预付款数万元钱，移用于暂付购草子种的预付款，与中介商签订了草子种购销合同，中介方按合同规定发货，货到龙游后，中介方向龙游方某粮油公司要求付清尚未付清的50%货款。此时龙游某粮油公司总经理发呆一阵，后告诉要款的中介方说："我公司从未委托供销人员订购草子种的业务，再说我们也没有经营种子的资格，你方收到过我公司委托签订草子种合同的委托书吗？谁和你签订合同，你找谁去，我公司拒付此款，并不负法律责任。还要向擅自与你签订合同的供销人员追回预付款……"总经理的话使要款人忽然大悟，原来自己把关不严、审查不细，签订了一份代理人无法人委托书的超越代理权限的无效合同，后来签订合同的当事人王某见公司不承担草子种合同的法律责任，在这事实面前王某还向公司作了检查，同时费尽心思花了九牛二虎之力，也没能销完草子种，最后王某变卖了家财和房屋，才弥补了数万元的草子种亏损。这就是供方缺少对法人委托书内容的审查，需方盲目行事产生超越代理权限签订无效合同的教训。

二、遗书。遗书看起来主体是直接的当事人，其实它是一种当事人的书面化的物质和精神遗留方式，除相关材料和附件的存在外，没有其可替代主体存在，所以我们把它当作特殊的材料来参考。从其文书的格式和内容看，虽然没有统一的模式，没有规范的合同文本，是自然人一份上下代之间、亲戚、朋友、同事、聘用人之间、自然人与国家、集体、社团之间，为了使生前的资产和财物进行一种所有权转移的简单法律文书。有单方意志的体现形式，也有经双方和多方同意签字立约式形式，看似简单容易，但写得不好也常会产生问题和纠纷。

这里我们从单方意志形式的遗书为例来作些分析。我们可知写遗书一般以年迈之人为主，因受年龄、文化、身体等因素的影响常常会有失误和欠完整的情况发生，这就容易引起晚辈或继承人及其与他人间的纠纷。还有在现实中常出现有的老人将自己的遗产，通过遗书的办法，赠与给法定继承人以外的人和单位，从而造成法定继承人纷纷要求追回遗产而对簿公堂。这都因受文本的欠规范和订立程序及生效方式等因素的影响有关。

那么如何在这种简单的法律文书中，能尽量地表述清楚，不出差错，减少纠纷？笔者认为应从清楚、完整、稳重三方面去把握。

1. 清楚。不论是遗书也好，遗嘱也罢，一定要把问题交代清楚是最关键的，有些立遗书人往往在年迈或患病或有急事在仓促的时间里匆匆而立，如果加上痴呆人群，可能一时难以把事情交代清楚，只是三言二语断句，含糊其事歇笔，对于这样不清楚的遗书，受继承方就必须在接受遗书时或听遗嘱时，把基本问题审查清楚，对有疑问的问题立即当着当事人和旁证人的面，提出来讲清楚，最好立书成据，对有些疑问较大含糊不清的还必须和在场人和关系人讨论而定。对有些特别规定的权利义务在有条件的情况下，立受双方都应该弄明白说清楚。

2. 完整。遗书或遗嘱是一种较为简单的文书，体现单方意思为主的合同形式，但同样也要求立书人要有一个完整性的表述。书中都应有标的、因果详情、事件过程、权利义务、立遗的目的、时间、地点、立受人姓名、年龄、性别、住址、生效方式、在场人、立书人与接受人间的存在关系、公证单位以及与其相配套的所有证件和附件的名称文号等。

3. 稳重。遗书和遗嘱一般都是在行为人具有行为能力时所实施的一种事先预备的文书。他的生效要在立书人死后才生效。所以说它是一种生效前预制好的，有的老人预制得较早、有的老人写了一次又一次不断变化更换、有的人预制在临终时，不管是早期预写还是临终嘱咐，都要有稳重意识。对早期预写的遗书，应该有充分的时间和机会来对遗书内容和条文思索，既要清楚、完整地表述，又要考虑移交后能顺理成章，避免可能会产生的纠纷，特别是移交法定继承人以外的人更要慎重，因为它跨越了法定的第一、第二继承的界限，像此类情况，移交人、接受人最好事先能以平常的心态和移交人的法定继承人进行协商通气，并在遗书上均有同意的签字，或去公证处进行依法公证，这才是最稳重的办法。

三、分书。指的是国家、集体、单位、企业、个人之间为分割财权、产权、股权、山权、林权、地权、界权以及无形资产的归属和占有或管理使用的有效法律文书。它牵涉的范围广、形式多样，从而产生的纠纷和官司也较多，通过众多的案件分析和解剖，得知纠纷最易产生，发案率最高的是农村家庭房屋及财产类。根据这一情况我们以农家"分书"为例进行以案说法。

2009年2月10日《衢州日报》第9版刊登了一则财产纠纷案例：题目为《农家写"分书"房屋进行转让引出纠纷》，具体案情是"汪某在外漂泊了10年，一直未与家联系，2007年8月他回到家中，但身患重病，即将离开人世，由于他欠下了一大笔医疗费，为解决欠下的医疗费及去世后办丧事的费用，汪家召开家庭会议，请来村干部作证人，汪家人协商决定，将汪某在10多年分家分的地基上三间房屋作价3万元卖给汪家小妹，用于支付汪某的有关开支。为此双方签订了转让协议，其余几个兄妹作为见证人签了字，村委会同意盖章。汪某去世后，汪某大哥认为汪某分到的那间平屋是以自己名义审建的，该屋边的一块地基也同属自己，与小妹产生了纠纷"。

自法院受理此事后，进行了案情分析，认为汪某离家后，汪家母亲搬进了汪某分到的平房居住，还在边上盖了一间厨房。后来汪某大哥出了一部分材料，他朋友刘某出工出料，在该房子西面的空地上建造了一间平房，该平房一直由刘某租用，租金由汪母收取。因为汪某大哥认为：厨房间是母亲造的，他出材料建造了两间平房，应该分享三间房屋的所有权。另外，汪某和小妹的房屋转让协议没有经他同意，属无效合同。

法院还认为："分书"作为民间的习惯和风俗，虽没进行产权登记，其内容也受法律保护，当初分家时汪某大哥对"分书"并没有异议，其中写明的房屋和基地应归汪某所有，那间虽是汪某大哥与刘某建造过的平屋，但汪家母亲一直代收租金，这证明事实他们均承认是汪某的财产。汪某处理自己的财产，村集体也同意转让，转让行为发生在本村村民之间，符合农村土地转让的有关条件，应认定该房屋的转让行为合法，最后法院认定汪家的"分书"有法律效力，三间房子归小妹所有。

从以上的"农家分书"中我们知道，分书存在的普遍性，特别是农村集体的田、山、房、厂、林等所有权的归属分割遗留纠纷较多，这在一定程度上与文化知识高低、法制观念的强弱、考虑问题粗细都存在着关系，也难免在书写中会出现这样或那样的问题，今天我们把这些问题通过各章节画龙点睛式地提出来，也只不过是供读者参考而已。但从现实看，要写好一份合情、合理、合法的"分书"也实在不是一件容易的事。因为它涉及多个主体、多个界限、多个不同的权利与义务，这就必须多做些社会调查，多看些现实和历史资料，多想些可能预见和发生的问题，瞻前顾后、左右分析、上下推敲，只有这样才能使分书成为先小人后君子的协定。

第三节　特殊行业许可证件的真实性

不是说有了证照就可以随心所欲乱签合同，对一些特殊的行业，国家、政府都有特别的规定。所以在签约前，除了审查一般证照外，还要审查其特殊行业的许可证，并还要辨明其证件的真实性和可靠性。因为这种特殊行业的许可证，是由专业管理部门经过严格培训考核后，当事人在取得技术、达到标准、有足够的经验和知识的基础上，合法取得专业部门颁发的特殊行业资格证书（或许可证），才方有资格经营，那么哪些行业需要特殊行业许可证呢？

从大类上看，需有行业许可证的有化工类、医疗类、食品类、文化等上百种类业。下面对有关主要业类的行业许可证，在特定的时间和空间里做一些简单的举例讲述，以便供你签约时审阅参考。

1. 化工类。如合同标的是化工类的产品，如成品油、危险品、油漆、易燃易爆的天然气体，它必须有专业部门核准登记的危险品经营许可证或成品油经营许可证，如果经营爆破器材、烟花爆竹生产和销售的，就得有烟花爆竹经营许可证。经营有毒有害的化工类产品，还得有环保部门核准的环保经营许可证。

2. 医疗类。此类合同标的合同主要形式有多种，一种是医疗器械，对有的医疗机械的生产和经营，国家有专门的监督管理条例，由省级人民政府核发医疗器械生产经营许可证，否则就不具备生产经营资格。一种是中药材经营，凡是要从事经营中药材的，必须持有省级中医药管理部门核发药品（中药材）经营企业合格证。药品的生产批发也必须经省级药品监督管理部门核发药品生产许可证和药品经营许可证。药品零售也得经县级以上药品监督管理部门核发药品经营许可证。还有的是血液制品的生产，必须由国务院卫生行政部门审查批准，其开办经营单位由省级卫生行政部门审查批准，再比如说放射性同位素与射线装置、农药生产、兽药生产都必须由省级专业行政管理部门核发的生产经营许可证，而不能盲目地生产经营。

3. 食品类。凡合同标的是食品类，那么生产加工就必须有卫生部门核发的卫生许可证，有的还需 QS 资格论证，流通领域的就必须有食品流通经营许可证。因为食品安全比什么都重要，不仅是生产领域还是销售领域都有严格的特殊许可证和前置条件。

4. 种子类。按照《种子法》、《农业转基因生物安全管理条例》规定，主要农作物杂交种子及其草本种子、常规种原种种子、主要林木良种种子生产经营由省级农业、林业部门核发种子生产经营许可证。农业转基因植物种子、种畜禽水产苗种的生产经营，由国务院农业部门核发生产经营许可证。

5. 文化娱乐类。此类标的合同也有几种行业的特殊要求，比如出版业，受《出版管理条例》、《出版物市场管理规定》的调整，出版部门由省级出版行政部门颁发出版许可证，出版物进口经营由国务院出版行政管理部门核发出版物进口经营许可证；如果设立音像制品出版，复制单位由国务院、新闻出版行政部门批准，核发音像制品出版经营许可证；设立全国性音像制品连锁经营单位，由国务院文化行政部门审批核发音像制品经营许可证。娱乐场所必须有文化经营许可证。网络类还必须有网络文化经营许可证。

6. 服务类。比如营利性人才中介服务机构由政府人事部门批准核发许可证。印章刻字业、旅馆业需要公安部门核发的特种行业许可证。旅行社：如国际旅行社经省级旅游行政管理部门审查同意，由国务院旅游行政管理部门核发旅行社业务经营许可证；国内旅行社由省级旅游行政管理部门及其授权的地市级旅游行政管理部门核发旅行社业务经营许可证。

7. 承揽、加工类。建筑工程承揽，必须提供国家规定资质的建筑工程的许可证和有关专业技术资质的许可证，发包方也需提供建筑规划许可证；加工类的许可证也是分门别类，根据加工和品种不同需不同的许可证。比如竹、木经营加工，则就需要提供县级以上林业部门核发的《竹木经营许可证》。

8. 广告类。受《广告法》的调整，国家工商行政管理总局登记注册的广告企业，中外合资、合作广告企业，由国家工商行政管理总局核发广告经营许可证，地方工商行政管理部门登记注册的广告企业，由省级工商行政管理部门或其授权的省辖市工商行政管理部门核发广告经营许可证。

9. 运输类。（1）航空运输执行《民用航空法》，公共航空运输业由国务院民用航空主管部门核发公共航空运输企业经营许可证；（2）道路运输、客运经营、货运经营由交通主管部门核发道路运输经营许可证；（3）水路运输受《水路运输管理条例》调整，从事水路运输的企业和个人应由交通主管部门核发水路运输许可证；（4）如果经营国标船舶运输业务，由国务院交通主管部门核发国际船舶运输经营许可证。

10. 矿产资源类。（1）矿产资源开采、矿产勘查由省级以上国土资源主管部门核发勘查许可证，矿山企业由国土资源主管部门批准，其中石油、天然气、煤层气和放射性矿产的开采由国务院国土资源主管部门发放划定矿区范围，黄金开采由国家黄金管理部门核发开采黄金矿产批准书，省级国土资源主管部门核发采矿许可证。（2）煤炭开采生产经营必须有省级国土资源主管部门核发采矿许可证和生产经营许可证。

11. 枪支类。对军用枪支的生产，这无疑需国家特定许可证，对民用枪支的制造配售，也受《枪支管理法》调整，凡制造民用枪支由公安部核发民用枪支制造许可证，配售民用枪支由省级人民政府公安机关核发民用枪支配售许可证。

12. 银行业金融机构。受《银行业监督管理法》、《商业银行法》、《外汇管理条例》等法规的调整。（1）要开商业银行、信用社及其分支机构由国务院银行业监督管理部门批准成立；（2）银行、农村信用社、兑换机构等结汇、售汇业务由外汇管理机关核发经营外汇业务许可证。

13. 互联网服务业。受《互联网信息服务管理办法》、《互联网上网服务营业场所管理条例》、《互联网文化管理暂行规定》的调整。（1）经营性互联网信息服务由省级以上电信主管部门核发经营许可证，其中从事新闻、出版、教育、医疗保健、药品和医疗器械等信息服务的，在取得许可证之前应经有关主管部门同意；（2）互联网上网服务营业场所由文化行政部门核发网络文化经营许可证；（3）网络文化经营单位设立由文化部核发网络文化经营许可证。

14. 国家重点保护野生动物、植物的经营。受《野生动物保护法》、《陆生野生动物保护实施条例》、《水生野生动物保护实施条例》、《野生植物保护条例》的调整。（1）驯养繁殖陆生国家重点保护野生动物由省级以上林业部门核发驯养繁殖许可证；（2）驯养繁殖国家一级保护水生动物，由国务院渔业行政主管部门核发驯养繁殖许可证；驯养繁殖国家二三级保护水生野生动物,由省级渔业行政主管部门核发驯养繁殖许可证;(3)因驯养繁殖需出售收购国家一级保护野生动物或其产品,由国务院野生动物行政主管部门或其授权的单位批准;出售、收购国家二级保护野生动物或其产品,由省级野生动物行政主管部门或其授权的单位批准;(4)经营非国家重点保护野生动物的皮张和加工、制作标本的,由野生动物行政主管部门批准;(5)出售、收购国家二级保护野生植物的,经省级野生植物行政主管部门或其授权的机构批准。禁止出售、收购国家一级保护野生植物;(6)设立对外国人开放的捕猎场所,由国务院野生动物行政主管部门批准。

15. 煤炭开采生产经营。受《煤炭法》的调整。(1)煤炭开采由省级国土资源主管部门核发采矿许可证,煤炭生产由省级发改委下属的煤炭主管部门核发煤炭生产许可证;(2)煤炭经营由省级以上煤炭主管部门核发煤炭经营资格证书,其中取得煤炭生产许可证的企业销售本企业生产、加工的煤炭产品除外。

16. 出版业。受《出版管理条例》、《地图编制出版管理条例》、《出版物市场管理规定》的调整。(1)出版单位由国务院出版行政部门批准,省级出版行政部门颁发出版许可证;(2)出版物印刷或复制业务,经省级出版行政主管部门许可;(3)报纸、期刊、图书的全国性连锁经营业务由国务院出版行政部门审查批准;(4)报纸、期刊、图书总发行由国务院出版行政部门审核许可;(5)报纸、期刊、图书批发由省级出版行政部门审核许可;(6)报纸、期刊、图书零售由县级人民政府规定的有关部门批准;(7)出版物进口经营,由国务院出版行政部门核发出版物进口经营许可证;(8)地图出版由省级以上测绘行政主管部门批准;(9)外商投资出版物分销企业设立由新闻出版署审批;(10)省内出版物连锁经营企业设立由省级出版行政部门审批;(11)出版物发行单位由县级以上出版行政部门审批。

以上列举的15类合同标的类别,只是现实生产经营和生活中的一部分,还有更多的类别有待你自己在日常生活中去仔细地认辨与把握。本节类别有关依据摘自浙江工商行政管理局关于市场准入系统前置条件一书。但随着时间的推移和经济运行的发展变化,其政策和法规也会作出相应的调整,因此要因势利导、审时度势,适时学习与及时查询,以免出现老观念碰到新问题而顾此失彼。

第二章 合同的实质要件

本章重点：对合同范围、性质、资本、效力与时效的审查。

我们在第一章阐述了合同真实性要件，认真对签约主体的双方进行有关证照的审查，进一步证实双方主体的真实性作为签约前的把关，但并非就可以落笔签名，还必须严格地查阅其证照上的内容。看看其证照上经营范围与方式、主体性质与形式、依法注册资本金、合同效力与无效合同、法律证件的时效，是否具备签约资格，从主体的实质上去把关。下面就从五个方面进行逐节分析。

第一节 标的物、经营范围与方式

一、查证照的经营范围和合同标的物。大家都知道，一份规范合法、有效的主体间的购销合同，其合同的标的与其双方证照上的经营范围必须相符（这里指的经营范围是指专职监管部门和特殊行业监管部门以及工商行政管理机关核发登记依法确定的经营范围，而不是凭对方空口阔淡和名片、介绍信或广告词类的经营范围）。如果超越经营范围，那就要认真检查是否签订了超越经营范围的无效合同。但是这里也必须弄清楚，不是说所有超越经营范围的合同都是无效合同，虽说《合同法》也设详细具体划分和规定，那么怎样去区分是否超越经营范围呢？笔者认为是否超越范围，应从合同标的物的用途及去向的两种不同环节上去重点把握。

一种是合同标的物直接进入生产领域或消费领域，这种情况是合同正常的经营范围。比如说对方是订购自用商品、生产原料、机器设备或用于企业职工福利商品也都是一种正常的经营范围。再说还有很多不必有执照的机关团体法人有时也是经营的主体,是一种消费性的采购。在其需求与内容相一致的情况下,签订的合同就不能视为超越经营范围的合同。

另一种是合同标的物直接专用于转手倒卖与本企业核准的经营范围不相一致的,就存在着较大可能性的无效合同,比如说生产销售钢材的企业经营人员,持本企业执照去订购经销农药、化肥、食品类的标的物合同。尽管你合同订得多好,利润效益多高,它都是一份超越经营范围和主体不合格的无效合同。

针对标的物是否超越经营范围的确认,它有严格区分标准和要求,经营者务必应遵守规则,特别是对一些特殊行业的经营范围,它有特殊的要求和规定,根本没有跨行业范围经营便利条件和变通机遇,比如说农药化肥经营与食品经营、医疗器械经营与普通五金机械经营等,在经营范围上都依法核定,没有商量的余地。但对一般普通而相近的行业的经营范围,如小百货、什杂货、农副产品等的经营范围,在一定时期和特定环境也受国家政府的各种新政策、条例、法律的调整而不断变化,我们必须经常学习、熟悉和更新各种政策、条例、法规知识,才能更好地去把握。

二、查证照上的经营方式。换句话说,签订经济类的合同要与企业经营方式相符,证照上都有对企业经营方式的核定。如生产制作、加工、批发、零售、服务等等。有的企业可以核定生产、加工、批发、零售一条龙的服务,但有的企业达不到一条龙的服务,要么生产、加工,要么批发、零售,要么专业服务。举个例子:如一家商场、超市,它的规定核发的执照应该是批发、零售,而绝对没有生产、加工的方式,因为生产加工的方式就成为生产企业,而生产企业必须有它特殊的生产加工的前提条件,才能申办其生产加工的企业执照,而这些大型的企业生产加工、销售又往往都是由不同的企业主体去完成的。反过来说,经销商可以普及到市场的每个角落,而生产的厂家却不能随商品销到哪里,就把厂办到哪里。但也有的小作坊生产和服务企业,将生产、加工、销售、服务联在一起,进行前店、后厂的经营模式,如饮食、食品、服装、制作等等。总之,不管是一条龙的配套也好,还是专门化的规模企业也罢,在证照上都有具体规定。你可以通过经营方式的规定来了解你所签订的合同是否有效。再说一家从事零售的食品经营企业,它不一定有生产加工食品的资格。可见查清经营方式也可为你识别合同可靠性提供有力依据。

通过对证照上的经营范围和经营方式的查阅,在一定程度上能为你避免一些超范围、超越权限的无效合同的出现。我们知道,无效合同自签订之日起,就没有法律的约束力,不受法律的保护。

但这里也需要指出的是,并非所有的超越代理权限签订的合同都无效,有特定超越代理权的签约也是有效的,同样也受法律保护,好比说表见代理。1999年3月15日,第九届全国人民代表大会第二次会议通过的《中华人民共和国合同法》第四十九条规定:行为人没有代理权、超越代理权或者代理权终止后,以被代理人名义订立合同,相对人有理由相信行为人有代理权的,该代理行为有效。

为了弄清对表见代理权与平常的普通的代理权限的区分,这里还是通过实例分析来加深理解。例如:徐女士的丈夫帮工建房时不幸摔伤住院,数月后,因拿不出医疗费,徐女士找到房东要求其支付费用,而房东要求签订一次性的私了协议,徐女士便以丈夫的名义与房东签订了协议,房东根据协议一次性付清药费数万元。像此类的合同就属一份有效行为的代理合同,这种代理也称表见代理,而表见代理它有三个要件:1. 代理人(行为人)不具有代理权;2. 相对人有理由相信行为人有代理权限;3. 第三人善意且无过失。《合同法》第五十条规定法人或者其他组织的法定代表人,负责人超越权限订立合同,除相对人知道或者应当知道其超越权限的人外,该代理行为有效。第五十一条规定:无处分权的人处分他人财产经权利人追认,或者无处分权的人订立合同后取得处分权的该合同有效。

第二节 企业性质的形式

在合同的资格审查中,通过对企业证照上进一步对企业性质的了解,以便提高对企业实质性的调查,从而为你签约掌握更多的第一手资料。实际上对企业性质的调查是一个签约者必须清楚的前提条件,因为企业性质决定企业的属性，同时也能反映企业的规模和级别。从简单的企业性质看，它只有国有企业、集体企业、合伙企业、外商投资企业、私营企业、个体工商户这几种，但在这几种属性的企业中，又以各种不同类型的企业形象出现：

例如国有企业，在内资方面它有国有独资的有限责任公司、国有资产公司、国有控股有限责任公司、国有控股的上市或非上市股份有限责任公司、还有其下属的层层节节的分公司非公司的企业法人和非法人分支、分厂及生产车间常设机构，如银行、保险、电信、电力、中石油、中石化等等。它们都是一个庞大的国有企业组织形式。

集体企业：它是以集体性质而形成的企业，它通常也有集团公司、有限责任公司、中外合资的投资公司企业，各种形式的厂、站，还有各种类型的农民专业合作社等等。而这些企业有的也存在很多分支机构，如分公司非公司企业法人、营业单位、非公司法人分支机构、农民专业合作社分支机构等分门别类的经济组织形式。

合营和合伙企业：其组织形式也同样繁多，有上市、非上市股份有限公司、有限责任公司、合伙合作的专业经济机构组织，有的也有分公司非公司企业经营机构。

私营企业：它有自然人独资的一人有限责任公司、私营法人独资的一人有限责任公司、内资法人独资一人有限责任公司，也有自然人投资和控股的上市非上市股份有限公司，有个体加工作坊、有个体工商户，他们也存在着各不同的分支机构和非企业法人单位。

外商投资企业：根据我国有关法律规定，在我国设立外资企业类型有：中外合资经营企业、中外合作经营企业、外资企业、外商投资上市非上市股份有限公司、外商投资企业分支机构、外国企业常驻代表机构、外商投资企业办事机构。

通过对企业性质的摸查和分析，我们可以得出这样一个结论：不同性质的企业，都有其相同和不相同企业类型和经营组织形式，可见我们面对众多的企业主体签约，既要重视性质的分析作参考，又不能被企业性质一味地垄断。在市场经济的体制下，不论国营、集体还是联营或个体都有优势和弱势的一面，都有风险和效益的对立和统一，都有顶峰和低潮的时候不能一概而论，但归根到底通过对企业性质的分析，尽量完善或减少不与无签约资格的企业去签订合同。比如说，公司下属许多分支机构和营业单位其性质都是非法人企业，不具备签约资格，若要签约只有上级公司提供的法人授权委托书，方才有资格签署合法有效的合同。

第三节　依法注册资本金

签约前，对新接洽的或对其情况不熟悉的企业，除查看其企业的经营范围、性质外，还应重点查看一下企业证照上的注册资金或注册资本或成员出资总额，不论是资金、资本、还是出资总额其数量的大小多少，都是对其企业规模和经济实力的一种以法核定事实。换句话说"注册资本金是企业注册的含金量或身份的分量"。

但也有的人说企业时间一长，变化不断，你怎能肯定呢？这个担心应该有，但绝大多数不会离谱，因为企业经营执照，每年都由工商部门和其他有关证照的职能部门专门进行验、换照，在验、换照前必须经过审计部门审计和核实。有专业审计报告，才能通过年检，如有抽逃企业资本金和其他违法行为，企业都将受到依法处理，直至吊销营业执照。如遇重大亏损，资不抵债，资本金与证照严重背离，或企业发展较快，实际资金大大超过证照的注册数，职能部门也都建议企业进行注册资本的增资和减资调整。不过在现实中也毕竟有相当一部分企业通过扩大再生产，实际资本大大超过注册资本而未及时办理增资手续，所以说在签约前必须多做一些调查咨询为好。

在一般一次性成交的购销合同的标的额，不得超过证照上核定的注册资本金或出资总额。因为资本总额的注册是登记机关依法审查核准的，具有法律效力，注册资金或资本一般在申办执照时在工商部门的档案里就专门有注册资本的档案材料，农村农户成立的专业经济合作社也有全体成员的出资总额，独资企业和公司以上的一些国营、集体私营企业的执照和档案里也都载明注册资本金。如果一次性成交的合同金额超过其依法核准的资本金，那你就得十分小心，以防超越承受能力导致合同难履行，甚至出现虚假性和欺诈性合同的发生。

关于证照上的资本和现实经营中签订的合同一次性成交额是否相符，也应成为你签订合同时必须调查的依据之一,这里顺便举个真实的例子供你参考。浙江省龙游有某家茶厂,前些年与福州市农产品供销企业签订了一份茉莉花茶购销合同。合同约定由龙游某茶厂供应福州方二级、三级茉莉花茶,合同金额一次性成交30万元,合同签订时需方预付货款30%,余款提货后一个月内付清。合同签后,供方到当地工商部门要求帮助查询需方的经营信誉和企业的经济实力情况,经过查询得知需方是家合伙经营企业,企业注册资金只有5万元人民币,并其经济效益欠佳,企业负债较多,而法院正在立案受理之中。当时工商部门也及时告诫(供方)龙游厂方,并指出:虽然双方合同在主体经营范围等方面都相符,但合同金额与注册资金相差太大,企业负债累累,并建议拆销合同停止履行。经咨询后得知需方准备将这30万元茉莉花茶进行转手抵债,幸好供方咨询工作做得及时,了解对方的动机后马上采取紧急措施,避免了一场合同纠纷,绕过了一个合同陷阱,使企业的合法权益得到了保护。

但是,也不是说所有的合同金额都不能超过注册资本金,比如说在现实市场的交易中,有的企业之间为实现交易的需要一年或一季度订一份合同,分批分期交货付款。像此类的合同,它的总成交额有时就大于等于证照上的资本金,这也属正常的合同订单交易行为。不过在分批的每一次的成交额不能超过其注册资本金的总额。如果超负荷运行,万一企业亏损、倒闭,尽管你采取依法处理也好,还是互相协商也罢,都将造成较大的风险,失去法律应有的保障系数。如果每次成交额小于注册资本金,那么万一出现什么意外,走法律的途径相对保险系数要大得多。因为它还在其法律规定承受能力的范围内,如出现违约时,还可以采取中止履行、依法保全和留置措施,防止出现下批交易的损失。

第四节 合同效力与无效合同

通过对合同范围、性质、资本的调查后,还必须认真地检查证件与合同的效力。因为合同效力也有其多样性,无效合同也有其明显的特点,我们必须仔细观察和了解,掌握基本要领,脚踏实地心中不慌。

一、证照效力：国家对现有的生产经营企业、个体工商户也都根据不同行业，由不同的监管部门颁发其行业和专业的资格证书，而且这些资格证书上都明确规定了其有效期限。到期后，职能部门又会在证照上进行依法重新确定或延续时间。但是也有极少部分企业和经营户因亏损实体倒闭、停业、外出躲避债务、证照遗失，不用、不验、不换等原因未及时去职能部门申请注销而过期失效。有的因管理不善，被他人利用进行外出签订欺诈合同，类同形式的案件曾是常见不鲜，这里就不再举例了。总之一点审查证照时一定要注意观看证照的有效期。千万不能以超越效力的证件作为签订合同的证据。

二、合同的效力：《中华人民共和国合同法》第 44 条至 52 条就作了详细的规定，依法成立的合同自成立时生效，在签合同时一般不违反法律法规的情况下，只要内容程序合法，双方签字也就生效了，但也有的特殊情况需附加条件才能生效。

1. 设附加条件生效的合同。《合同法》第 45 条规定：当事人对合同的效力可以约定附加条件，附生效条件的合同，自条件成就时生效；附解除条件的合同，自条件成就时失效。当事人为自己的利益，不正当地阻止条件成就的，视为条件也成就；不正当地促成条件成就的，视为条件不成就，讲到这里举个例子。

2010 年 1 月 8 日《中国剪报》第 8 版刊登了一篇由李轩雨、刘思惠写的题为《住了大半年的房子飞了》一文。摘文如下：李先生和妻子都是湖北人，因为妻子患有心脏病，天气一冷就容易发病，想到海南冬天气温高，于是李先生便带妻子来到海口居住。2008 年 11 月，李先生通过中介，看中了海口市龙昆南路皇家花园的一套二室一厅的二手房，面积 70 多平方米，价格每平方米 2600 元，总价 19 万元。经过与房主协商，双方最终签订房屋买卖合同，约定李先生以 18 万元价格购买该套房屋。合同签订后，李先生按约定履行了相关付款手续，包括交付了 2 万元定金和 9 万元首付款。随后李先生按合同约定，于 2009 年 2 月搬进该房屋居住，而且一住就是大半年。2009 年 11 月 16 日，一位陌生小伙子来到李先生家，要看自己的房子，李先生认为此人是骗子，拒绝他进屋。

第二天，小伙子带来了房产证，大叔我不是骗子，这就是我的房，我还有房产证呐！看到小伙子如此认真，李先生糊涂了，可这是我的房啊！我是付钱买的啊！争执中，两人都觉得这其中存在问题。原来，李先生当初在和房主签完合同后，因为种种原因，双方并没有及时办理房屋产权过户手续。然后，随着房价日益走高，现在该套房屋市场价达 30 万元，原房主于是突然反悔，偷偷把房子卖给了另外一个人，双方办理房屋过户手续。对于房主的这种"暗箱操作"和不诚信行为，李先生十分生气，找到房主理论，房主称他愿意按合同约定返还李先生已付房款，并双倍支付违约金（原定金）4万元。李先生找到律师欲起诉房主，要回房屋。针对这事件，海南正凯律师事务所李武平律师认为，李先生不能要回房屋，只能要求房主赔偿损失。他解释"一般情况下，只要合同符合法定构成要件，合法就成立并能生效，比如房屋、车辆等所有权的转移，就必须登记过户，否则所有权不能自然转移"。

从以上这个案例，我们可以看出有的约定并不是双方签了合同就生效的，还必须经过登记过户手续才能生效，而我们今天暂不去评论该案处理正确与否，但毕竟造成了明显的合同纠纷，带来的是麻烦和损失。而在日常生活中除房产交易合同外，还有二手交易的机动车辆、船舶等如发生转让都得办理过户手续，促使附加条件的成熟和交易合同的生效。

2. 约定附期限的效力合同：根据《合同法》第46条规定：当事人对合同的效力可以约定附期限，附生效期限的合同，自期限届至时生效，附终止期限的合同，自期限届满时失效。

3. 需追认的有效力的合同：因行为人没有代理权、超越代理权或者代理权终止后，以被代理人名义订立的合同未经被代理人追认，对被代理人不发生效力，由行为人承担责任，但相对人可以催告被代理人在一个月内予以追认，被代理人未作表示的视为拒绝追认。合同被追认之前，善意相对人有撤销的权利，撤销应当以通知的方式作出。还有一种情况，无处分权的人处分他人财产，经权利人追认或者无处分权的人订立合同后取得处分权的，该合同有效。

4. 无效合同：在我们日常生活和经营活动中，也经常碰到许多不受法律保护的无效经济合同，因为无效合同自合同签订之日起就不受法律保护。那么我们如何确定什么样的合同是无效合同呢？

《中华人民共和国合同法》第 52 条规定：确立了无效合同五种类型：

（1）一方以欺诈、胁迫的手段订立合同，损害国家利益；

（2）恶意串通，损害国家、集体或者第三人利益；

（3）以合法形式掩盖非法目的；

（4）损害社会公共利益；

（5）违反法律、行政法规的强制性规定。

对有重大误解订立和订立合同时显失公平的合同。比如一方以欺诈、胁迫的手段或者乘人之危，使对方在违背真实意思的情况下订立的合同，受损方有权请求人民法院或者仲裁机构变更和撤销。还有一些不平等条约也是无效合同，比如夫妻双方离婚时，签订为保证照顾原有子女，双方规定任何一方再婚不得再生子女，若违约承担违约金多少万元等，这就是一份离开法律、法规规定的合同，纯属无效合同应撤销。

对无效合同的处理，《合同法》第 56 条也作了明确规定，无效的合同或者被撤销的合同自始没有法律约束力。合同部分无效，不影响其他部分效力的，其他部分仍然有效。合同无效被撤销或者被终止的，不影响合同中独立存在的有关解决争议方法的条款的效力。合同无效被撤销后，因该合同取得的财产应当予以返还，不能返还或者没有必要返还的，应当折价补偿。有过错的一方，应当赔偿对方因此所受到的损失，双方都有过错的各自承担相应的责任。

通过对合同效力的讨论分析，我们可以清楚地看到，订合同时不仅要认真仔细，而且要多方位进行考虑，才能保证你的合同产生真正法律效力，才能真正起到先小人后君子的作用。

第五节　法律证件的时效

时效顾名思义，就是所有证件、文件、法律、法规、规则和行为秩序的规定都有受其时间限止和规定的范围。我们今天讨论的查时效，主要从两个角度去把握：一是在签订合同前审查所有证照上的有效期，即证照时效；二是在签订合同后，在履约的过程中发生纠纷时的民事诉讼时效。

一、**合同的时效**。在合同签订前，一般都要审查对方的证照，除查内容、性质外，还得仔细查看证照的有效期限，通过对期限的审查可避免签订超时效无效合同和欺诈合同，也确保合同的效力问题，这个问题在第四节检查合同效力与无效合同中，开头就重点地讲了这个问题，本节就不再重复讲了。本节想重点讲合同签订后，发生纠纷进行民事诉讼的时效问题。

二、**诉讼时效**。合同签订后，在履行过程中发生纠纷，当事人进行民事诉讼的时效。本节内容应该摆到最后讲，但在本章第四节中讲到合同效力问题时，考虑效力与时效两个问题关联性较大，将本节时效提前到第二章进行讨论。

民事诉讼时效是指权利人于一定时间内不行使请求人民法院保护其民事权利的权利，即丧失该权利，人民法院对其民事权利不再予以保护的法律制度，诉讼时效制度是民法中的一项重要制度。世界各国的民法中都有关于诉讼时效的规定，因为其对维护市场秩序、稳定社会关系、促进司法公正、提高司法效率具有重要意义。民事诉讼问题，1986年4月20日全国人大通过的《民法通则》就作了专门规定（《民法通则》现继续执行）。

《民法通则》第135条规定"向人民法院请求保护民事权利的诉讼时效期间为2年，法律另有规定的除外"。

第136条规定下列的诉讼时效为1年：

（1）身体受到伤害请求赔偿的；

（2）出售不合格的商品未声明的；

（3）延时或拒付租金的；

（4）寄存财物被丢失或者损坏的。

第137条规定"诉讼时效期间从知道或者应当知道权利人被侵害时起计算，但是从权利被侵害之日起超过20年的，人民法院不予保护。有特殊情况的，人民法院可以延长诉讼时效期间"。

《民法通则》第141条规定：法律对诉讼时效另有规定的依照法律规定，根据这一规定，有许多法律在对时效期间方面根据不同情况作了特别规定，下面举几个例子。

1.《合同法》对国际货物买卖合同和技术合同、进出口合同争议的诉讼时效作了特别规定。《合同法》第129条规定：因国际货物买卖合同和技术合同进出口合同争议提起诉讼或者申请仲裁的期限为 4 年,自当事人知道或者应当知道其权利受到侵害之日起计算。

2.《产品质量法》就产品缺陷造成赔偿责任,对诉讼时效作了特别规定,其 33 条规定"因产品存在缺陷,造成损害要求赔偿的诉讼时效期间为 2 年。自当事人知道或者应当知道其权利受到损害时计算。因产品存在缺陷造成损害要求赔偿的请求权,在造成损害的缺陷产品交付最初用户消费满 10 年丧失,但是尚未超过明示产品安全使用期的除外"。

3.《环境保护法》对环境污染损失赔偿责任诉讼作了特别规定。《环境保护法》第 42 条规定"因环境污染损害赔偿提起诉讼时效期间为 3 年。从当事人知道或者知道受到污染损害起计算"。

4.《保险法》对保险赔偿诉讼时效作了特别规定。《保险法》第 26 条规定"人寿保险以外的其他保险的被保险人或受益人,对保险人请求赔偿或者给付保险金的权利,自其知道保险事故发生五日起 2 年不行使而消灭。人寿保险的被保险人或者受益人对保险人请求给付保险金的权利,自其知道保险事故发生之日起 5 年不行使而消灭。"

5.《票据法》第 17 条规定:票据权利在下列期限内不行使而消灭:①持票人对票据的出票人和承兑人的权利,自票据到期日起 2 年。见票即付的汇票、本票,自出票日起 2 年;②持票人对支票出票人的权利,自出票日起 6 个月;③持票人对前手的追索权,自被拒绝承兑或者被拒绝付款之日起 6 个月;④持票人对前手的再追索权,自被拒绝承兑者或者被拒绝付款之日起 6 个月,持票人对前手的再追索权,自清偿日或者被提起诉讼之日起 3 个月。票据的出票日、到期日,由票据当事人依法确定……还有一些部门法都根据时间、地点、内容的不同而不断地进行调整,必须查阅当时执行中的法律法规为准。这里只是根据本书书写时执行中的法律规定,只要是法律法规没有更改和调整,它的时效都将是存在的,话说回来,即使更改,也有它的时效期间存实的客观性。只要在时效的期间内都受法律的保护,都有诉讼的权利,也是古人说的"人死账不烂,父债子还"一样的道理,不仿这里举个例子供参考。2010 年 2 月 6 日《衢州日报》第 9 版的律师热线栏目中,刊登了一篇题为《借款人已死,我该起诉谁?》一文,现摘录如下。

"一位不愿透露姓名的读者来信咨询：经人介绍，我于2007年7月18日将4万元钱借给项某，约定借期为6个月，定于2008年1月18日归还。在《借条》上有借款人项某及其担保人毛某的签名。此后，我收到7月份至10月份四个月的利息。11月份项某意外死亡，出事的第二天毛某电话告诉我，叫我放心。因在此之前，项某曾以毛某的名义，将3.5万元借给严某，项某死亡后，项某的父母同意等严某还钱后，用这笔钱还我，2008年4月份，毛某向我归还1.5万元，尚欠2.5万元。当再次催促毛某归还余款时，毛某以严某拖欠未还以及自身资金周转困难为由，一直拖欠未还。当我提出要求诉讼时，毛某称应当起诉项某的遗产继承人项某的父母，而不是担保人毛某。请问借款人项某已死，我为了实现债权，该起诉项某的父母，还是担保人毛某呢？

本报法律顾问、高级律师郑家骢解答：该《借条》担保栏上有毛某的签名。担保人即《担保法》第6条规定的保证人："当债务人不履行债务时，保证人按照约定履行债务或者承担责任的行为"。既然毛某是保证人，当借款人项某已死，你就有权单独向毛某主张权利或提起诉讼，实现你被拖欠的2.5万元。不过作为债权人，应当注意不要超过保证的诉讼时效。《担保法》第25条、第26条分别规定了一般保证的保证人、连带保证的保证人，应按规定的期限内行使债权，未在期限内行使债权的，会发生免除保证责任的后果，以你提供的《借条》内容看，你的保证人毛某未约定期限，根据法律规定毛某应是连带保证的保证人。只要你有证据证明，你在项某的债务到期的2008年1月18日起的6个月内，曾向毛某主张过权利的，则保证人毛某的保证责任是未被免除的。如果你起诉毛某，要毛某一个人承担还款责任，你是会得到法院支持的。毛某称不应当起诉他的说法是不成立的。

至于你是否要起诉项某的父母，前提是要举证证明项某有遗产。《继承法》第33条规定"继承遗产应当清偿被继承人应当缴纳的税款和债务，缴纳税款和清偿债务以他遗产实际价值为限。超过遗产实际价值的部分，继承人自愿偿还不在此限。继承人放弃继承的，对被继承人依法应当缴纳的税款和债务可以不负偿还责任"。你可以根据上述法律规定，决定是否起诉项某的父母。

你来信提到的毛某借过3.5万元给严某的事，在法律上毛某是严某的债权人，你不能直接向严某主张权利，除非毛某愿意将债权转让给你。毛某应按《合同法》第79条和第80条的规定，用书面形式通知严某，你成为严某的债权人后，才可以向严某主张权利。"

从这个例子我们可以看出，只要是在法律法规的规定时效内，人死效力在，只要有确定的证据和合同，那么担保、继承都受连带的牵制，其权利义务都有履行的规则，可见时效何等的重要。

第三章　合同的形式要件

本章重点：强调合同条款要齐全、用语要准确、标点要清楚。

合同条款是合同的重中之重，是订立和确保合同标的物实现根本目的所在，也是在合同履行过程中是否畅通顺利的保证，更是监督标的物保质保量如期实现的条件和依据。不论是合同的句式或条款，还是合同条款中的"一字"、"一点"都值千金。所以说形成合同条款的过程，是一个认真仔细、反复推敲、周密完整、科学合理构思的过程。反之如果合同条款粗糙简单，留下的后患有可能是纠纷或官司的接二连三。为此笔者想对本章进行重点叙述，具体分为三节：一是条款要齐全；二是用语要准确；三是标点要清楚。

第一节　条款要齐全

一份合同肯定有它的内容和标的构成，如何针对合同标的，把该写的条款，该预计到的发生变化状况，都应该一字不漏地表述出来。这是一个合同形成无法回避的过程。就以经济合同来说，一般的都应具备起码的五大要素，即时间、地点、数量、质量、付款办法。但根据不同的经济合同标的会有许多不一样的条款内容，其表现形式也不同，在日常的商品购销合同中，通常都有 13 条以上的条款，除五大要素外，再加上运输方式、验收办法、损耗责任、包装标准、担保形式、违约责任、解决合同纠纷的方式、其他约定事项。还有许多特殊行业的合同条款可达数十条以上，这都由标的物而定。

但是在日常生活中，人们在签订合同中往往因文化程度、情感面子等因素的影响容易出现简单化，将很多应写应填的条款都随便地舍弃和遗漏掉，有的甚至三言二语草草了事，有的即使是写了也有上句没下句，漏洞百出，下面就讲三点最常见、最易犯的毛病。

一、合同条款有上句没下句、话语不周延或表达不穷尽的逻辑错误。这是带有普遍性的问题，在现实生活中也是屡见不鲜，其表现形式较多的有欠条、借条、收条、收据、借据、条子、证明、说明、记录、协议、契约、草签、意向合同、遗嘱、遗书、分书，等等。现就从最简单的借条说起，在一次经济合同纠纷的仲裁中，曾碰到过这样一场仲裁纠纷。

事由：王某借到李某1000元钱，多年未还，李某多次向王某提出要求归还欠款，王某不但不积极配合还款，而且还有不认账的态度和表现，李某无奈之下，提起申请想通过仲裁收回欠款，同时还想趁机澄清事实出口气。

在仲裁庭收到申请书和欠条证据后，认真地阅读了借条的内容，现将借条如实举例分析，原借条行文是"借条，今借到李××人民币1000元整，特此立据，借款人王××，1990年10月10日"。

立案开庭后，申请方提出四点要求：1. 要求归还欠款1000元；2. 要求承担一定的银行利息；3. 要求承担违约金；4. 要求被申请方承担因违约而造成的申诉费用。

申请方话声一落，被申请方委托的法律工作者章××马上围绕借条提出了六个问题进行辩解说："一是申请方你是否申请错了，我们本村就有两个同名同姓的李××，我的被代理人李××没向你借过钱；二是我李××没做过什么大事情，向你借钱干什么；三是假设就算是我的被代理人李××借的款，在借条上也没写违约金；四是没有写明要付利息；五是未写是否要归还，还是何时归还，我想何时归还就何时归还，即使不还你又如何呢？借条上没规定；六是你那个1000元，是真是假我有怀疑，也许是100元、也许是10元，后面那个0你自己随时可加……"

被申请方的法律工作者发言，紧紧抓住借条中的字里行间，进行咬文嚼字上纲上线针锋相对地大声辩驳，而忽略了情感交流和睦沟通的调解语气，一时触怒了申请方，申请方情绪一转当场指着被申请方破口大骂，你这个人狼心狗肺、好心不得好报，真是狗咬吕洞宾不识好人心，今天官司即使我输了，那你就把钱留着买药吃，等等，造成双方的情感关系严重挫伤，使经济合同纠纷仲裁庭一下转为民事治安纠纷调解处，双方争辩夺理互不相让。后经多方劝阻和协商案件最后以调解达成。

在以上这份借条中，我们可看出存在不少的问题，从这个法律工作者不论有理无理、合法还是不合法的辩论中，也使我们得到一些应有的启发，仔细琢磨起码存在着以下6个问题。

1. 李××和王××是何县何乡何村何组人未表达清楚。
2. 人民币款项的数字没有大写容易被篡改。
3. 借款用途未表述，不便于回忆。
4. 没有写明归还期限。
5. 没有明确借款利息。
6. 缺少违约责任条款。

其实我们在平时也会疏忽大意，不是漏这就是丢那，不是没有关键词、字就是没有正确的标点与符号，有的该大写的却又小写，该连行续写却又空格续写，这里错词那里错字，不写归还时间和借资时间，没有当事双方的单位或地点，有的甚至还出现没有出借人和借款人的姓名，有的借款人到还款时还不知借条上自己没签名，有的出借人只看到有张借条就行，根本不审查内容和详细情况，严重缺少整体性和完整感，虽然在和谐的关系中很少出问题，但一进入法律程序和申诉、起诉的官司场合，就只有凭借条的事实依据为准。所以说我们不要小看一张借条，也大有文章可做，平时看着借条很简单，其实越简单的东西有时难度越大，越容易出问题。现将问题借条如图3-1表述如下。

2009年3月9日《中国剪报》第8版刊登了一篇题为《借条被涂改，还了钱变没还》，正文如下：借条被涂改还了变没还。昔日情同姐妹的杨女士和丁女士，为一时被涂改过的借条，在法庭上各执一词。目前，上海徐汇区法院作出判决，对原告杨女士要求被告丁女士归还33万元的诉讼请求不予支持。

杨女士诉称，当年丁女士知悉杨家需要用钱，她自己称可以办到贷款，让杨女士用房产向银行抵押。但自己一直没有能拿到其中两处房屋抵押的所得款项，经多次催讨，丁女士于2005年12月30日写下借条，言明该两处房屋的贷款将由她向银行偿还，到时剩下余款项用拆迁补偿款来还，但丁女士至今没有归还贷款。

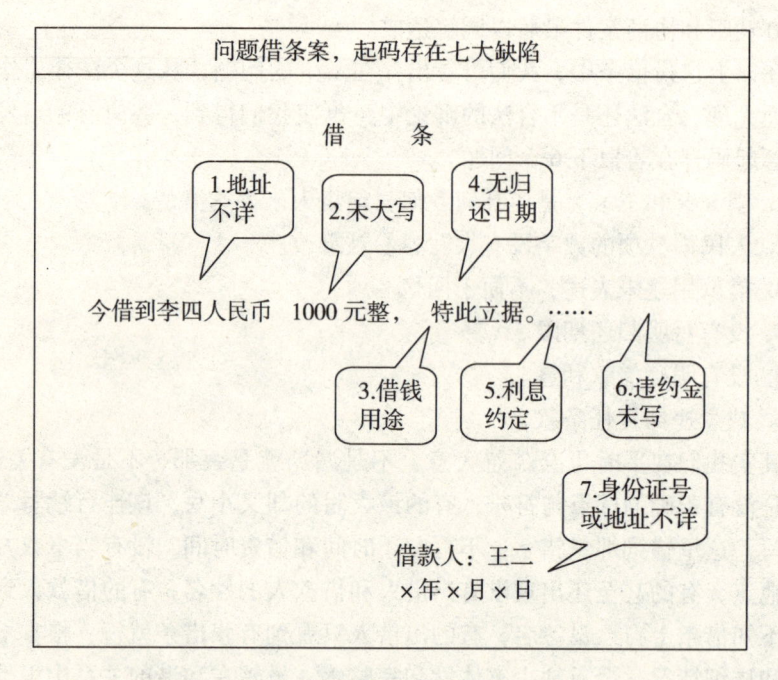

```
┌─────────────────────────────────────────┐
│        问题借条案，起码存在七大缺陷        │
│                                         │
│              借      条                  │
│                                         │
│     1.地址      2.未大写    4.无归        │
│     不详                    还日期        │
│                                         │
│    今借到李四人民币 1000 元整，特此立据。……│
│                                         │
│        3.借钱    5.利息     6.违约金      │
│        用途      约定       未写          │
│                                         │
│                             7.身份证号    │
│                             或地址不详    │
│                                         │
│              借款人：王二                 │
│              ×年×月×日                   │
└─────────────────────────────────────────┘
```

图 3-1

丁女士表示，33 万元贷款是杨女士要求丁女士代为向朋友领取的。谁想杨女士拿到钱去赌博，钱输光后，杨女士找到丁女士要求她写一张借条，用以欺瞒家人，考虑到没有实际借款事实发生，所以丁女士特别在借条里写了"还清她了"，谁想杨女士拿到借条后竟然将"了"字涂掉，混淆事实真相。

根据杨女士向法庭提交的借条原件，落款处一次性还清她。"她"之后确有明显涂改过的痕迹。法庭认为按照常理，对于出借如此巨额钱款，借条中语言的表述，指代都应明确无误，没有歧义。如有涂改，一般应重写或在涂改处签字，如可能引起歧义的，应重写或签名。按照我国的文字结构、语法结构，本案借条中表述的"她"后面无需再有其他文字。对于这张易引起歧义及涂改严重的借条，原告未能充分举证确认借款是否存在，故法院对于原告之说难以采信，诉讼请求不予支持的判决，这个例子充分说明了借条简单易改而带来的麻烦。

为了解决因简单产生的麻烦，这里向你介绍 2009 年 5 月 8 日《中国剪报》第 6 版刊登的曾凡新先生写的《正确书写欠条、收据》一文，部分摘录如下。

"1. 要求书写字据，注意妥善保存。根据最高人民法院《关于法院审理借贷案件的若干意见》第四条的规定：人民法院审查借条案件时，应要求原告提供书面证据，无书面证据的，应提供必要的事实证据。对于不具备上述条件的起诉，裁定不予受理。由此可见出借双方书写相关字据很重要。字据不仅要立，而且还要写得很规范，并妥善保存。

"2. 格式应规范、清晰。建议使用欠条收据等字据的规范格式。一个完整的欠条主要包括四个要件：债权人、债务人、欠款内容以及归还时间，当然还包括签名及时间等内容，收据则应包括五个要件：交纳人、收取人、交付人、理由、交付内容以及交付时间。

"3. 形式注意事项。书写字据时，应注意字里行间不宜有空格和空行，否则容易被持据人增写其他内容。不要用易退色、变色的笔书写，钢笔最好黑墨水或者蓝黑墨水。若用铅笔、圆珠笔或其他易退色的墨水写字据，遭遇保存不当受潮或水浸时字迹会变得模糊不清。亦可能为别有用心者利用化学制剂涂改创造机会。

"4. 标的物。金额应写清楚，借款还款、借物还物都应清楚金额，数量最好使用大写数字以防止涂改和伪造。尽量避免数字前留有空格，小数点位置不准确等情况，这些都易被持据人添加数字或作修改。

"5. 内容表述要清晰，语句不可大意，顺序不能颠倒……

"6. 签名盖章不可小视。署名要署真名，化名、代号、名字谐音都不规范，最好以身份证上姓名为准。由别人代笔书写字据或代笔签名，而本人只在上面按一个手印，也容易引发纠纷。有些人习惯于盖章，但盖私章在法律上的效力并不高，没有备案的私章谁都能刻，签字盖章时，各方当事人都应在场，以防被人冒充替换。

"7. 利率要注明。《合同法》第 211 条第一款规定：自然人之间的借款合同对利息没有约定或约定不明确的视为不支付利息。依据相关法律规定，民间借贷的利率可以适当高于银行利率，但最高不得超过银行同期贷款利率的四倍（包括利率本数）。而且出借人不得将利息计入本金谋取高利。若是将利息计入本金计算复利的，其利率超出前述四倍限度时，超出部分的利息不予保护。在民间借贷中，不要因为是亲朋好友，碍于面子口头约定，而不写明收取利息及利息标准。利率和利息和本金的比率，主要表示方法有：①年利率用"%"表示；②月利率用"‰"表示；③日利率用"‱"表示。

"8. 注意认真核对字据。在书写字据后，双方应当认真核对，如有遗留或者差错，应当立即修正，最好是先写好草稿，而后照定稿抄写，必要时可找第三人对字据字斟句酌，切忌稀里糊涂就签字盖章……"

以上八点就是一种最简单的欠条和收据的书写要求，也是在日常生活中经常碰到的一些问题，我们在写这些东西时都应冷静仔细多个心眼，尽量避免少出差错。这里我想和大家辨析一下借条、欠条、收条三者的区别。2011年8月10日《中国剪报》刊登了严爱华老师写的《如何区别"三条"》一文，现摘录如下：

"借条、欠条与收条虽然只有一字之差，但在现实生活中很容易将三者弄混，'三条'在法律层面上有较大的差异，适用的诉讼时效起算点也不一样。

"借条：是证明一种借款合同关系，仅凭它可以很简单地证明借款关系，法律上借贷关系比较明晰，无需其他证据予以佐证。借条诉讼时效是2年。有还款期限的，从还款日起算诉讼时效；如果借条上没有写明偿还时间，出借款项的一方可以随时主张权利，诉讼时效从出借人第一次追讨借款时间起算。当出借人再次主张权利时，诉讼时效中断，重新起算。但如果出借人在借款人出具借条的20年内不主张权利，就失去了申诉权。

"欠条：是对以往双方经济往来结算后确定的债务关系，表明自欠条形成之日起，双方之间形成的纯粹债权债务关系。借款肯定是欠款，但欠款则不一定是借款。欠条的诉讼时效同样是2年，但却是从"欠条"上写明的日期起算诉讼时效。

"收条：是收到钱、物一方，写给送交者的凭据。仅凭收条，不能认定出具收条的一方和拿到收条的一方之间存在关系。"

二、对规范的合同文本格式填写不规范。现有许多合同主管和监管部门，先后印制和监制过一些规范性的合同文本，合同双方只要持这种文本认真地阅读和填写，就可以完成合同签订中的条款关。

可在现实生活中有不少人都认为是熟人、朋友、老客户，自有信任度，别写得那么认真。所以在一些条款的空格里有的简单书写马虎行文，根本不进行咬文嚼字地分析和考虑，有的随心所欲、文不对题、颠三倒四地乱填写，有的语词表述不清爽，有的用词、用字概念模糊，有的语句不规范，还有的甚至斜线一条，略去不写。成为一种有较大风险的病态合同，从而常常出现有理败官司的现象。比如说违约责任一栏，很多人就是故意不写，认为合同不会到达翻脸的这一步，互相信任度很高，别把话写得那么难听，开始订合同就提违约责任，不但不吉利，而且还伤了感情，等等，但是一旦纠纷出现了就互相纠缠违约金的高低与多少，违约理由的对与错，履约过程的是与非，酿成责任的大与小。因为违约就牵涉违约金赔偿问题，对于违约金的规定其本身就有一个较大的幅度，可以是百分之一，也可以是百分之五，有的约定违约金（专用产品）可达百分之三十，到底执行哪种标准也带来争议和解决的难度，这就自然印证了签约时不愿当小人，论理时何能成君子的道理。

三、合同条款缺陷多。现实生活中有很多的自行成文的合同条款缺陷相当多，这些缺陷有主观因素，也有客观因素。在客观方面，书写人受文化程度低、法律意识欠缺、专业知识浅薄，时常会出现考虑问题比较简单，缺少对合同条款的完整性的分析和研究。在主观方面也存在着情面、马虎、草率，对合同的真实意义认识不足，所以在合同行文中就自然而然播下一些隐患的种子，造成被动局面。这里就举一个房屋租赁合同条款的例子供参考。

房屋租赁合同条款相对完整应该有13条款：1.双方当事人姓名和住所；2.房屋坐落地址路牌门号；3.房屋面积；4.出租时的装修及设施状况；5.租赁用途；6.租赁期限；7.租金交付形式；8.房屋修缮责任；9.转租约定；10.变更和解除合同条款；11.收回时房屋配套要求和固定装修物；12.违约责任；13.当事人约定的其他条款。只有在充分考虑以上13个条款后，再着手详细签订房屋租赁合同的具体要求和标准，那么这份合同虽算不上完善，也应说是基本条款具备，只要你仔细按条款的要求填写清楚、表达完整，那么合同纠纷的发案率就相对会减少。

对待其他商品经济交往合同也是一样，有规范合同文本最好使用规范文本，如没有规范文本，那也参照一下以上十几个项目，是否都有关联性，根据合同标的物当时当地的实际状况，对有些内容还要增加一些特殊条款。这也都是正常的，要视合同标的和双方的交易要求而定，我们不讲签万无一失的合同，但对一些应写的条款，该讲的话要尽量做到不漏、不偷、不避、不省、不随意涂改、不怕麻烦、不怕拉面子、不怕小人事，进行一一如实书写，做到亲兄弟明算账，好朋友清条款。只有这样，才能使合同条款完备起来。

第二节　用语要准确

在合同条款齐全的基础上，又必须掌握好合同条款中的合情、合理、合法的用语，从经济合同纠纷的特点中可以看出，因用语、用字的不准确而出现的问题占了相当的比例，有的时候还因用错语、词、字输了官司，受了怨气，下面就从模态、多音、错字三个易发生麻烦和纠纷的问题做一些举例和分析，并对应注意的关节点作些重点说明，以便为在日后的实际操作中作参考。

一、尽量不用含糊不清的模态词语。 例如在商品规格一栏上用上下、左右、大约、基本、一堆、一捆、一箱、一合、一车、差不多、类似、近似、大致、一般、接近、相似、相近来定标准的话，就很容易出问题，曾经调解过这样一起合同纠纷。前些年浙江龙游县南部山区有一毛竹贩运户陈某与上海浦东某建筑工程公司一建筑工地签了一份毛竹购销合同，合同规定毛竹规格大小在 8 寸以上至 12 寸。价格每百公斤 66 元，数量 10 万斤左右，后来送货到上海后需方嫌毛竹太小，提出规格不合要求，他要的是 8 寸以上至 12 寸的毛竹，部分或少含 8 寸，而贩运户则认为只要是 8 寸就达标准，为此贩运户为节省收购成本多赚差价，将 10 万斤毛竹规格都定在 8 寸左右，很少部分是 9 寸、10 寸的，而根本没有 12 寸的。从而需方提出强力退货或降价的要求，导致合同纠纷双方自行协商不成，最终通过仲裁调解，出现官司一场，造成上海方工地因购物标准不符影响工期，龙游贩运户经济上吃了不达标而降价的亏。这就是用词模糊带来的后果。

对合同的用词,有时看起来很清楚明白,但在执行中也会有理解和执行的偏差,这里举一个例子,我们就可以更进一步地弄清楚模态词的危害。原告因生产急需一批竹签,经人介绍与被告签订了一份竹签购销合同,合同规定由被告供给原告 1000 件竹签,竹签单价每根 0.5 元,合同生效后,被告陆续发运货物。第一批发货 800 件,原告发现已远远超过自己的需要量,便通知对方停止发货,并说明情况,要求对方当事人洽谈,正当双方洽谈时,被告认为合同有效,便又发货 200 件。在双方洽谈中,都承认原合同规定的数量 1000 件并无错误,问题出在"件"的计量上,原告认为每件是 10 根竹签,而被告认为每件 100 根,因为平时生产打包都是 100 根一件的,由于双方对"件"的概念认识不一,造成数量上的争执,后因协商不成诉之法院。

法院的认定和处理结果是,法院认为这是一起因合同条款不清而引起的合同纠纷,一件竹签数量是 10 根,还是 100 根,双方理解不一,文字表达不清,其过错在双方,但数量规定不清,其主要责任在供方即被告,从而产生法院的判决:一是双方就数量协商中被告发出的 200 件 2000 根竹签应作出货处理,运费由被告承担。二是其余 800 件,除原告接受 100 件,即 1000 根外,所剩下 700 件由双方共同承担,其中原告应收 300 件,另 400 件作退货处理,费用由被告承担(本案摘自龙游工商局编写的经济合同法规基础知识讲座)。

经济合同所规定的主要条款是一个有机的整体,缺一不可。而且每一条每个字都必须清楚明白,否则就会埋下纠纷的隐患。上例合同纠纷就是合同规定的数量条款订得不够明确而引起。对于这一点法院判定责任方在双方是正确的。但是正在双方就数量问题进行协商时,被告借口合同有效不顾原告停止发货的通知,仍然发货 200 件,也就是多发了 2000 根竹签。这显然违反了合同公平自愿的原则,因此在处理这一数量纠纷时,首先把这 2000 根从总数中扣除,其责任应由被告承担,其余 70000 根由于数量条款概念不清,是双方过错造成的,因此应由双方各自承担接受的货物。这个文字不清引起纠纷给人们一个启示是:签订经济合同是一项严肃的法律行为,切不可马虎了事,更不能把它作为记录单和儿戏来看待。总的要求是合同内容要合法、条款应具备,具体用语准确,责任要分明,而切不可使用模棱两可、任意解释的含糊不清的条文和词、字，否则就会事与愿违。

二、注意多音字的用法。合同用词用字，不仅不能随意地省略，而且要严格正确和规范，特别是碰到有些多音字的时候更要谨慎，否则就会使你碰上意想不到的合同争议纠纷，有时还会造成错冤临头赔钱受气情况，从而给司法调解的仲裁和判决部门带来执法难度，有的还成为经久不解拖而不结长期遗留案件，有的虽然一时凭书面事实由调解组织或司法部门终结了案子，但留给当事人的却是深深的沉默与思考，有的也真是化血本代价换来一个吃一堑长一智终身难忘的教训。这里举个案例来说明这一点。

2008年11月14日《中国剪报》第8版刊登了一篇《一字之差差了20万》的文章，全文如下：宋某和黄某是合作多年的生意伙伴。自2006年年底，黄某因市场策略实施有误，资金陷于周转停滞状态。黄某无奈向宋某求救，随后宋某于2007年3月借给黄某30万元，黄某向宋某签下了一张30万元的欠条。2007年10月，黄某在收回几笔资金后，偿还了宋某部分欠款，并在欠条上注明"还欠款25万元"。

2008年初，黄某因疲劳驾驶，车辆失控不治身亡，宋某在5月初得知黄某去世，其家人继承遗产的消息后，便向黄某的继承人索要剩余款项。但没想到黄某的继承人认为欠条上"还欠款25万"是已经偿还了25万元债务，故只同意再偿还宋某5万元。宋某与黄某继承人协商不成，将其诉至法院，要求黄某继承人偿还欠款25万元。

北京房山法院经审理认为，本案中欠条中的多音字"还"的不同理解，产生了截然不同的债权债务关系。黄某出具的欠条注释不明，产生了歧义，其继承人又不能提供充分的已还款证据证明其主张，故从立欠条的目的和交易习惯的角度解释，应该作出对其不利的解释。据此法院判决被告黄某的继承人仍需偿还欠款25万元。

以上案例告诉我们：我们在每写一份借条，还是签一份合同都应逐字、逐词、逐句地推敲，在履行合同中如果碰到一些一次不能完全执行完毕的分期分批的合同，那就必须每履行一次都得有一次单独的文字依据和票证。特别是碰到多音、多义字时，更需完整无误不留后患地意思表述，宁可啰嗦一句，也不随意地省略关键字，也就是我们平时所说的不怕一万，只怕万一。

三、注意防止错字别字。经济合同的书写除用语规范外，用"字"也要准确无误，如果字写错了写别了，也会造成合同事与愿违局面，在我们的日常生活和经营活动中，常常还会出现别字闹笑话、错字引官司的现象。你只要留意一下各种法制类的电视、报纸、书刊等新闻媒体的某些信息，就不难发现因错字别字闹纠纷的案例。这里我想通过1996年11月28日《人民法院报》第4版刊登的谭曙平先生的一篇题为《错字引出的官司》为例，进行分析解剖及依案说法，全文如下。

"时下，订合同、立借据、填发票、签文件、存取款项等。已经成为人们生活中熟悉的事了。然而当事人如果做事不认真、工作马虎敷衍了事，稍不留神，写错或看错一个字，在未涉及法律、经济问题时或许影响不太大，不会造成损失，但一旦牵涉其中，为一错字对簿公堂时，错个字就不是件小事了！"

1. "富"字官司：1991年6月，骆某（系个体户）以"邵富"为名在中国农业银行赣州市支行赣江分理处开办了一个预留印鉴的单位活期存折。1992年4月18日，赣江分理处告知骆应将存折及印鉴上的"实"字改成"富"字。对此骆某即按要求重新刻印了一枚"邵富"的印鉴更换了预留印鉴卡。1992年6月13日，骆的存折和印鉴被翟某盗走。1992年6月14日上午，翟某在赣州分理处冒领存款22000元，冒领时，翟某在银行支款凭条上填写了支款人户名为"邵"，其金额大写的"贰"字和万字分别写成"武"字和万字左边加了个"亻"傍，事发后，骆于第二天到赣州分理处查询，并及时报了案。后经司法机关追回赃款9000元，剩余的13000元损失一直追偿未果。为此，骆于1996年1月19日诉到法院，要求中国农业银行赣州市支行赔偿损失及利息。

一审法院认为，被告未严格按照有关规定办理支付存款事项，在冒领人翟某所填写的支款凭证户名为"邵"与原告的印鉴及存折户名为"邵富"不符，且大写金额还有两处错别字的情况下，为翟某办理了支取存款22000元，致使原告的存款被冒领，造成了原告的经济损失。对此，被告应负赔偿责任，根据民法通则第106条，《储蓄管理条例》第42条之规定，一审法院于1996年5月16日作出判决：由被告赔偿原告经济损失13000元，利息9360元（按月息1.6%计算，从1992年6月15日起至1996年6月15日止），两款合计22360元。并限被告在判决生效后10日内付清。诉讼费由被告承担。

判决后,被告不服,提出上诉,二审法院经审理后认为,一审判决基本事实清楚,适应法律正确,但在实体上对上诉人承担利息的处理欠妥,改由上诉人按年利率3.15%计算,支付给被上诉人,时间从1992年6月18日起,到13000元给付完毕之日止。一、二审案件受理费由上诉人与被诉人分担。

存款人预留了印鉴,银行先前对存款人有过改"实"为"富"的提醒,而且取款凭证金额大写两处出错,此笔款项竟然被冒领,银行难辞其咎承担赔偿责任也就顺理成章了。

2. "货"字官司。某制衣有限公司与外地一商场签订了一份服装购销合同。双方经拉锯式的讨价还价后终于达成协议,货款8万元,卖方交付服装后,买方即付清货款。作为卖方的制衣有限公司按合同规定按时送货,并要求买方及时履行付款义务。

谁知,买方却拿出双方签订的合同书,反诘道,合同书上明明写着"贷到付款",现我方还未贷到款,故无力支付。待卖方拿出己方持有的一份合同书细细一看,果真是写着"贷到付款",而非"货到付款"的字样,只好大叫倒霉。因法院认定合同有效,这样买方何时才能贷到8万元贷款,卖方何时才能实现债权,自然成了未知数。订合同不留神不细看,等合同生效后,哪怕是把纸看穿,还得承认把"货"字写成"贷"的惨痛事实。

一字之差损失惨重,这样的深刻教训是否能告诫人们,无论是银行还是企业或是个人,在工作中、生活中都应当字字留神,绝不能粗心大意。

四、不用方言字、词、句。我国56个民族中,有上万种不同的地方方言,各种方言的表述习惯方式各有不同和差异,不仅是不同民族的而且在不同行政和经济区域里其方言也是千差万别,加上对方言的理解也没有标准和统一,所以我们建议合同条款中不用方言字、词、句,一定要规范用字、词和句,否则容易引起误解和官司。2010年8月2日《中国剪报》刊登了一篇题为《方言借条少个字债权人"丢"了4995元》的消息,现摘录如下供参阅。

浙江省嘉兴市嘉善法院6月4日受理了老冯(化名)的民间借贷纠纷,原告老冯起诉被告叶某(化名)要求其偿还借款45000元。

老冯向法院提交了两张借条作为证据，一张借条明确写明 2 万元整，另一张借条上写的是"借人民币二万五元整"，如果按照字面理解，借款数额应是 20005 元，两张借条总额应是 40005 元，与老冯的诉请数额 45000 元不符。

法官询问了老冯夫妇得知，"土生土长的嘉善人就是这么说的，大家都知道两万五元就是两万五千元"。尽管老冯认为根据方言少个千字无须大惊小怪，但是作为书证的借条用语，一般只能就字面本身作常规的理解。

由于老冯没有钱款交接凭据等证据与借条相印证，被告叶某也没认可"二万五元"就是"两万五千元"，嘉善法院近日判令叶某归还老冯欠款 40005 元。法官提醒，书面证据用语一定要规范完整，否则极有可能遭遇举证不能承担应诉讼的损失。

五、要明确一些法定概念的关键词。在日常的签约中特别是签订一些不能一次履约或预约、预订的专用产品的购销、定制加工等合同时，容易发生对一些法定关键词的误解，比如说定金和订金就是常犯的毛病。我们现在就定金和订金两个不同概念名词，来个依案说法。2010 年 5 月 21 日《钱江晚报》第 10 版就刊登了《定金和订金一字之差，却大有讲究》一文，现摘录如下供参考。

徐女士 2010 年 3 月在某地板品牌处挑中一款地板，并付了 500 元，说好过一个月来提货。在这一时间内，徐女士在友人的推荐下，看中了另一个地板品牌的地板，并快速交了全款，提了现货。这时，徐女士向第一家地板品牌提出退钱的要求，被拒绝。

该地板品牌店长称，这 500 元是徐女士缴的预付款，其性质等同于定金，当徐女士一方违约，我们有权不退。不过，在徐女士看来，双方并没有签署合同，只是商家说要先交个订金，就交了。这钱毕竟是自己的，为什么不能退？而且在徐女士看来，订金不同于定金，不存在制约性。双方各执一词，僵持不下。

1. 消费者对"定金"、"订金"有盲区

在这件事情上，商家一直强调这是定金，可以不退。但徐女士却说这只是一个预付款，不能算作定金。当笔者问徐女士，当时付款时是否明白自己交的是"定金"还是"订金"，徐女士说只是在一张订货单上注明预交 500

元,自己也搞不清楚是"定"还是"订"。于是,一场文字游戏开始。

与此同时,笔者就此事咨询了相关行业协会的有关人士,却发现,在针对家庭装修的投诉中,关于"定金"和"订金"的投诉相当之少。原因何在?涉足这一行业多年的资深人士说,不是不投诉,而是消费者根本就没有这个意识。于是,商家乐得玩文字游戏,而不少消费者就在商家的严词厉色中屈服了,并以"交学费"的说法安慰自己。

2. "定"和"订"大有区别

事实上,"定"和"订"之间的区别大了。笔者特别咨询了律师:定金是属于违约的定金,是指双方买卖商品时作为已成交的保证金,而且"定金"是国家(担保法)规定的一种担保形式,主要是针对违约行为实施的制裁。对已付"定金"的,如果不履行合同义务,无权再要求退还"定金"。违约赔偿不能超过所有货款的20%。"订金"仅仅是预付款,不具制裁特点,如果买家不愿意购买这种商品时"订金"应当退还。

3. 退钱时,"订"可退,"定"不能退

综上所述不难看出,在家居行业,无论是买还是卖家,对"定金"和"订金"的认识都不全面。如上所述,该地板品牌既然说这是徐女士缴纳的预付款,那就属于"订金"范畴,当徐女士要求退款时,就应退还所缴纳的500元现金。

所以,如果购买东西,就要自己抓住主动权。近期即将举行专场团购的天亿家居广场提醒大家,在面对商家充满诱惑力的说辞时,不管价格有多诱人,折扣有多劲爆,都请一定要牢记,要知道虽然付出的是几百元,但毕竟是血汗钱啊!另外,如果一定要付订金,请留意商家在协议中的用词到底是"定"还是"订",以免自己的利益受损。如果要签订协议,一定要在协议上备注写上"定金可退"几个字,以防万一。

说实话在当今的市场上,特别是对一些预购预销的工业类、建筑类、装修类、农业类、林业类、医疗类、服务类、五金电器类、商业类等类型的加工定作产品或原料合同,在订立合同的条款里或简单要约的承诺书上或票证的签约中,都会出现一些促使或保证合约履行的制约措施,而不由自主地会用上定金、订金、预付款等词类,在运用这些关键词时务必要有"五多五少"防范理念,即多留个心眼少一点隐患,多做些说明少一些误会,多谈法制意识少一场面红耳赤,多一点认真仔细少一些明显失误,多做些审查少一些漏洞。

六、合同标的的书写一定要完整。大家知道合同标的是双方当事人的权利和义务共同所指向的对象。那么合同的标的需要具体、详细地注明商品的名称、产地、牌号、商标、花色品种、规格型号。因为现存的商品繁多,就是同一品牌的商品在不同规格的商品中,其技术和性能都有差别,价格、质量也不一样,所以说在标的书写时一定要清楚完整,并采用市场通用标准的名称,而不能简单地写砖、瓦、纸、布、米、笋、茶等简称通俗的名称,而应该确切地写清楚标识和牌号、产地及规格等详细情况,如产地于浙江杭州龙井村的西湖牌龙井一级茶;产地于浙江龙游溪口镇的,浙江腾龙竹业集团有限公司型号为2440×1220、厚度为12的腾龙牌商标的竹胶建筑模板;产地于浙江龙游001公司的001商标的某某型号天线,等等。

七、不可抗力的词句不可乱用。在日常咨询中常碰到有些合同当事人,在合同条款中会写些如遇不可抗力的情况,另行协商的语句,看起来语句也未错,但在执行理解中就存在着一些偏差或误解,如有的商品房购销合同中,开发商将延期交房的免责理由一般说是不可抗力。按国家规定,不可抗力是指地震、洪水等,不能预见不能避免、不能降服的客观环境,而许多开发商也因动工中碰到异常的困难或重大事故或安装工程不配套而延误的都认定为不可抗力,这就自然将不可抗力的真实意义扩展了,这对购房者来说显然是不公平的,如此乱用词句真的打起官司也是无效词句。讲到此问题就不禁想起2010年7月15日《钱江晚报》第6版刊登的新政后浙江省杭州与温州两市的首起房案有不同:算不算"不可抗力",还要看合同约定。现将两案摘录如下:

1. 杭州,"李全青案调价成功8万元购房款,退回4万元"

李全青案因是新政后杭州主城区首例开庭审理而成为关注的焦点。因为外地人暂停办理按揭的新政策,他请求解除合同并返还8万元购房款。

33岁的李全青是典型的新杭州人,他从河南来杭近10年。2010年他看中了下城区石桥路的一套公寓楼,房主曹先生夫妇很快和他谈成了这笔生意。

2010年4月3日,双方通过中介公司签订了一分转让居间协议,房屋总价88万元，首付3成，其余房款申请银行按揭。当天，李全青支付了2万元现金。10天后，他们又正式签订了合同并加了一份补充协议，约定88万元的总价里，房屋款为80万元，装修款8万元。李全青又付了6万元，连同原先已付的2万元定金，作为全部装修款。

4月17日，国务院发布了遏制房价过快上涨的"国十条"，其中"对不能提供1年以上当地纳税证明或社会保险缴纳证明的非本地居民暂停发放购买住房贷款。"因为银行不肯批下这笔按揭贷款，李全青说，没了贷款，他根本买不起房子，要求曹先生解除合同并返还8万元购房款。6月2日，该案在杭州下城区人民法院开庭。

昨天，记者得到消息说，该案已通过调解顺利解决，据下城区人民法院相关人士介绍，该案通过调价最终达成两点协议：一是解除原合同；二是原告李全青自愿补偿被告4万元。

2. 温州，"苍南原告败诉10万元定金不予以退回"

这起同样被媒体广泛报道的案例发生在2010年4月17日"新国十条"出台前一天。

2010年4月16日，同是苍南人的吴先生与陈女士经苍南县浙南房地产经纪服务站介绍，订立商品房转让定金协议书一份，约定：陈女士将其所购买的坐落于杭州市滨江区的某商品房卖给吴先生；该商品房转让价为927041元。吴先生当日支付给陈女士定金10万元。

新政出台后，杭州对无法提供一年以上当地纳税证明或社会保险缴纳证明的非本地居民暂停发放贷款，吴先生以此为理由，将陈女士告上法庭，要求适用"情势变更"原则，解除合同，并判令返定金10万元。

近日该案一审判决，法官审理后认为，原、被告订立的商品房转让定金协议书，属立约定金合同性质，当事人意思表示真实，内容合法，该定金协议从实际交付定金之日起生效，给付定金的一方吴先生不履行约定债务的，无权要求返还定金。原告拒绝与被告订立商品房买卖合同，支付购房款，属于不履行约定的债务行为，为此，原告无权要求被告返还定金。

为什么该案的最后结果和杭州案有不同呢？记者在由苍南县人民法院提供的民事判决书上看到，这起案例有一定特殊性：位于滨江区的这套商品房2011年10月30日才能办出房产权证，两人之间的买卖属于期房转让。也正因为期房转让，这套房子的按揭是以陈女士名义申请的。

这也就是说，陈女士是在新政前办的按揭，吴先生此后也要以她的名义支付按揭。因此，法院审理后认为，双方当事人已在定金合同中约定原告在规定时间内按期支付余下按揭，且吴先生也明知在2011年10月30日前，尚不能取得房产权证，国务院关于房贷调控政策的出台，并不必然导致商品房买卖合同不能继续履行，因此，吴先生主张的事实，与适用情势变更规定的条件不符。

3. "律师说法不同的结果，关键要看合同的约定"

"这两起案例，都发生在新政后，起因也一样，都是外地人不能办理按揭政策。但结果之所以不同，关键在于合同约定不同。"一直关注两起案件的浙联律师事务所主任戴和平说。

苍南案，貌似因新政而起，但实际上，和新政并不相干。"吴先生是以陈女士名义还按揭，而陈女士的按揭已经开始偿还，审批早已通过，并不受新政影响，自然也不属于'不可抗力'。法院驳回诉讼请求，是合理的。"戴和平分析。

"而李全青案则属于典型的新政"后遗症"案。李全青的确是以自己的名义申请按揭，新政也的确导致其不具备支付能力。"戴和平认为，这一案例应该适用情势变更原则。按照法律规定，应该解除合同退还定金。但这一案件既然调解解决，一般参考双方意思，买卖双方各承担一半损失也是合理的。

"是否属于情势变更，关键看新政是否导致合同无法履行的必然因素。"戴和平表示，新政后，各种退房官司林林总总，但究竟能否解除合同关键还要看合同约定。"比如说合同约定一次性付款的，即使发生在新政后，也不属情势变更，自然也不能退房。"

从案例1、案例2和律师说法中，使我们对如何理解"不可抗力"的概念清楚得多了，对一些混淆是非、夸大扭曲的疑难杂案有了更清晰的思路，同时也提醒我们要正确把握和理解字、词、句的真实含义，克服一些似懂非懂、盲目用词签约的混乱现象，避免产生一些意外的合同纠纷，这也在不同程度上帮助我们提高合同订立技巧和准确度。

从以上两个案例中我们还可以进一步分析得出，合同条款中的某些字、词、句的适用与国家和各级政府及有关部门新颁发的各种政策、条例、规章、法律相联系，从而也告诉我们签约用语不仅要具有文字推敲能力，而且还要及时了解和懂得各种政策法规的变化状况，尤其是一些新词汇新概念的出现也必须及时地学习和理解。只有对合同条款的用字、用词、用句的正确把握，做到胸有成竹，才能达到合同条款用语的准确；只有做到严格、认真、虚心好学、死守严防，才能达到对合同风险的防范。

第三节 标点要清楚

一份合法有效的经济合同在诞生的过程中，认真地做到了条款齐全和用语准确、注重细节的条件下，还要做到标点符号清楚无误，别草率乱用标点，因为我们不是写文章错就错了，大不了作出致歉预以更正，没什么大碍，而我们是在签合同冒风险，弄不好就会倾家荡产吃苦头，正如人们所说的万里江山一点墨的道理。可是在现实的经济交往的合同中可以看出，有些人只注重文字的推敲，而忽视标点的重要性，在文句中动不动就来个顿号和逗号或单纯一点，不知什么号，有的条文话未说完马上就用句号，有的还用起了不零不乱的省略号，在标点的细节问题上毛病很多。从合同纠纷方面分析和探究，因误用乱用标点出的笑话也实在不少。这一节，笔者想从合同条款词句中标点的误用、少用、乱用、修改和细节五个方面进行依例说理的叙述。

一、合同标点误用。合同条款中标点的运用，在一定程度上比写其他文字材料更为严格，它能帮助明确合同条款中的字里行间真实意思和交往行为，在各词、句、字后该用顿号不能用逗号和句号，用什么符号都十分有讲究和规定，不得随心所欲误用。为了更生动形象地说明合同标点误用的危害性和正确使用标点的重要性，这里就举一个当时轰动全国的真实例子希望大家引以为戒。

1992年6月23日《报刊文摘》第2版刊登一篇题目为《误用一个标点，损失十万巨款》的报道，全文如下："三门县一家商行最近与内蒙古呼和浩特一家皮货收购站签订购买一批优质羊皮合同时，因误用一个标点符号,造成直接经济损失 10 万元。这桩买卖中,三门县这家商行作为买家,对羊皮的质量要求是大小四平方尺以上。无剪刀斑(即刀伤痕)。但在购销合同上都不慎写成:羊皮"四平方尺以上、有剪刀斑的不要"。这里误把句号用作顿号,变成四平方尺以上的羊皮和有剪刀斑的羊皮均不要,羊皮大小要求刚好与原意相反,结果卖方利用了合同上的这一漏洞,卖给买方的尽是些四平方尺以下的劣质羊皮,优劣差价达 10 余万元。"

以上因误用一个标点损失 10 万元的真实案例已成为一个典型的故事,我想知晓的人可能不少,而对我们签约者来说要从这个案例中得到启发,经常不断地痛定思痛、深刻反思,牢记这种标点的误用所导致的后患将是无法估量的。而这种血的教训最好不要再重演、再复制,不然的话只有花钱买笑话亏本又亏气,你说值得吗?

二、合同标点少(或缺)用。 合同条款中语句的标点既不能多用,也不能少用,多了不是画蛇添足,就是语不达意莫名其妙;少了不是叙述不清,就是胡言乱语断章取义,标点少用或缺用不仅使合同条款不成体统,而且会造成合同当事人或执行者的不知所措、无处适从,出现难解难分的被动模糊局面,同样也会带来无穷的经济损失和合同陷阱。2006 年 7 月 26 日《中国剪报》第 8 版刊登《协议中没用省略号,2 人出意外公司多赔二十九万》的例子供参考,全文如下。

"2004 年初,湖南省水利水电施工公司(以下简称水利公司)与长铁衡阳桥隧公司协商签订了施工承包合同。工程位于株洲县昭陵境内,后水利公司与他人签订了内部项目承包施工协议,成立工地项目部。2004 年 11 月,李某在工地作业时被一只装有河沙混凝土的灰桶掉下砸伤颈部,导致高位截瘫。经有关部门鉴定李某已完全丧失劳动能力,构成二级伤残。

"2005 年 4 月 11 日,李委托其弟与水利公司在株洲县法律援助中心鉴证下,自愿达成赔偿协议,载明'李某受伤住院,原来已由乙方(水利公司)支付的除外,另行补偿李某经济损失 80000 元整(其中包括残疾补助金、护理费、生活费等一切费用)'等内容,协议中没有使用用于概括性列举的省略号。

"2005 年 12 月 13 日,李经湘雅二医院司法鉴定中心重新鉴定,伤情构成一级伤残,需骨髓功能和肢体功能康复治疗及截瘫、并发症的防治,必要时考虑内固定取出，在一般情况下治疗费用约50元/天，如做内固定取出费用需10000元左右，高位截瘫需终生护理，需配置轮椅、气垫等残疾用具，李以此次鉴定结论为依据，要求水利公司另行赔偿未果起诉至法院，要求撤销原来的协议，并由水利公司足额赔偿。

"在法院审理过程中，李某与水利公司就协议中的第一条"补偿李某经济损失80000元（其中包括残疾补助金、护理费、生活费等一切费用）的理解发生争议。李某代理人说，按照合同争议解释的方法，上述协议中并没有使用于概括性列举的省略号，同时结合相关证据分析和计算，可推断出对上述一切损失，包括所指范围仅指残疾补助金、护理费、生活费三项，李某损失的确认可在考虑上述三项目不重复计算，按照新的鉴定结论，依照《最高人民法院〈关于审理人身损害赔偿案件适用法律若干问题的解释〉》所规定的项目予以计算，即医药费、交通费、误工费、后期护理费、残疾赔偿金扩大部分，后期治疗费、营养费、精神抚慰金、残疾用具等九项损失合计为296727.11元，最后株洲县法院依法一审判决湖南水利水电施工公司另行赔偿李某296727.11元。"

从少了一个省略号增加了一个诉讼案件，缺了几个点就产生了几十万元经济上的赢、输差额，这虽然是个个案行为，其实在现实中缺点少号的情况也真的不少，特别是对标点符号知识欠缺的人，在签订合同时是较为容易犯错的一种行为，今天我们以举例说明方式，来进一步强调合同中的标点何等的重要，它错了不行、少了不行、多了也不行、乱用更不行。下面我们再来研究一下乱用标点的后患和教训。

三、合同标点乱用。中国文化不仅文字有严格的限制不可乱用，而且标点也显得一样重要同样不可乱用，用乱了不仅不成原意，而且会出现本末倒置的现象，这里我不想从理论上多说，因为事实胜于雄辩，活证更为深刻，还是从现实的例子来证明乱用合同标点的危害性。2009年2月25日《中国剪报》第8版刊登了题为《自书遗嘱有瑕疵引起争议》一文，很典型地说明乱用标点引起争议一事，全文如下。

"田某育有二子，后其与妻子调解离婚，1993年其购买了成都市内一建筑面积为55.10平方米的单位房改房，1998年11月取得房屋产权证书。其小儿子在1995年1月登记结婚，并一直与其共同生活，1998年5月20日，田某自书遗嘱载明:'某机械厂住房4-3-5-2号,住房一套面积5.3.5。转交继承人小儿子田某夫妇'。

"2008年4月田某去世后,田某的大儿子则认为从遗嘱上看出其父只是将房屋的5.35平方米给其弟继承,其他面积则应按法定继承。但田某的小儿子则认为遗嘱上'5.3.5'是笔误,遗嘱应是指整套房屋由其夫妇继承,故起诉要求法院确认争议房屋归其夫妇所有。

"庭审查明:田某书写遗嘱时68岁,从其自书遗嘱的文字书写质量看,自书遗嘱人田某的文字书写能力很差,笔迹生硬不流畅,标点符号及面积单位均未规范书写。但从文字表达的意思看,可以清楚表达其将房屋留给原告继承的意思。由于田某书写遗嘱时尚未取得产权证书,其对房屋建筑面积可能不很清楚,其后来产权证记载的建筑面积为55.10平方米,按照一般人的常识是不会立遗嘱指定继承5.35平方米,而5.35平方米不足一间房屋面积,且遗嘱上'5.3.5'之间都有点,结合田某书写能力差的情况及继承书上住房一套面积'5.3.5'的提法,将'5.3.5'理解为53.5平方米较为合理合情。近日,四川省成都市成华区人民法院一审判决遗嘱合法有效,争议房屋按遗嘱继承归其小儿子夫妇所有。"

像以上遗嘱(即合同)因乱用标点,而引出的许多无事生非争议的例子可说是不少的。而在我们现实生活中,特别是受文化程度和专业知识水平的影响,一不小心随时可发生的事。而我们在碰到书写合同类的文字时,都必须牢牢把握住合同的条款文字和标点正确无误,要有一个完美感的认真追求和探讨。在形成和书写好合同后,要逐条、逐句、逐字、逐点地严格审查,这个时候往往会出现一字一点值千金的作用。避免出现抓了芝麻丢了西瓜的现象,在审查中如果发现已定稿的合同中还有句、词、字、标点差错需进行修复和补充。下面,简单地讲一下关于修改合同词、字、标点的一些规定。

四、标点和文字、词、句的简单修改和补充。 我们知道一份完整的合同最好是没有修改和补充的地方,这样不仅书面清晰,不留漏洞,避免一些意外事情的发生,这是最好不过的。但也总有一些合同在完成书写和打印后,事后又发现有漏字、漏点、错字和漏条款问题,若要重新书写或打印,又觉得麻烦,没必要,只有在双方在场的情况下,对原合同进行修改和补充。对于这种的修改和补充,必须符合六个方面的要求,也同样生效。六个要求分别为：

1. 修改补充的内容必须是符合法律、法规规定的；
2. 必须是合同当事人双方或多方主体共同协商平等一致的；
3. 必须在修改和补充处盖上双方的印章或指纹印；
4. 必须是清晰完整的删除和添加；在删除处最好用黑墨予以全覆盖。在添加处做好添加符号或标记，添加的内容、文字、标点同样必须清楚完整。添加的事项必须以合同条款的分类逐条逐点有针对性或另起条款的添加。
5. 对有些特殊条件双方或多方都认可的，而涉及内容又较多，那必须另写一份与原合同具有同等法律效力的附件或补充协议，并且合同持有人各有存档。对一些事后书写的补充协议和附件，如原合同已经公证或鉴证或有在场做证人的，那么还必须将补充协议和附件送交公证和鉴证部门或在场作证人备案。
6. 对参照和使用格式合同文本的多余条款也应列入删除的范围，因格式合同设置本身就是考虑合同适用的普遍性，故在条款的拟制上要周全得多，不像特殊单一的合同那样条条句句有针对性，在签约时会出现某些多余条款，对这些确实认为是多余的，那么也应无疑地将其删除，以防在纠纷时无中生有自找麻烦。

以上六个要求在一般情况下，是对合同标点、词、句修改时必须符合和达到的前提条件。只有满足了前提条件的情况下，才能保障合同条款修复的合理、合情、合法性。否则会出现难以预料的后果。

讲到这里我想介绍一篇高柱同志写的《为了一个逗号拆迁户与开发商打官司近6年》，本文于2012年3月26日《中国剪报》第8版刊载，现摘全文如下。

2000年，四川省苍溪县人李术琼的父亲去世后，她和丈夫郭忠平继承了父亲在苍溪县老干部局"老红军楼"宿舍的房产。2004年2月，该住房被鉴定为危房，县老干部局与苍溪市政公司达成了改建协议，市政公司指派开发商薛某、刘某作为项目总管负责改建及相关安置事宜。

同年7月5日，李术琼和丈夫与开发商签订了旧房拆迁安置协议书，双方约定："乙方同意以产权调换的方式将自己的房屋产权按原拆迁房建筑面积以'拆一还一'的标准（即住房一套130平方米，35—40平方米门面房一间）进行调换，互不补差。"

2006年4月28日，开发商将一套住宅房交给李术琼夫妇后，就不再提还应补偿一间门面房的承诺。李术琼屡次找薛、刘说理，对方都否认有此约定。同年5月10日，薛、刘等人约见李术琼，在她出示合同原件时趁在场人多进行了"掉包"，换成了其事先已改好的合同——"住房一套130平方米，35—40平方米门面房一间"中的"逗号"改成了"或"字。李术琼发现后向"110"报警，可"110"因警务繁忙未到现场。李术琼赶到派出所请求立案，但最后在派出所帮助下追回的"合同原件"已被对方篡改。

2006年5月18日，李术琼将薛某、刘某告上了法庭。此案经二审，法院作出判决：苍溪市政公司与薛、刘在判决生效后立即向李、郭交付门面房一间。

薛、刘二人向法院提起申诉。2008年12月13日，广元市中院再审认为，协议中约定的基本原则是"拆一还一"，李术琼原住房面积为89.69平方米，且是危房，还建的新房面积为130平方米，已有利于李术琼。如再还一间，显失公平。为此，法院判决：撤销一审、二审判决，驳回了李术琼的请求。

随后，李术琼和丈夫向四川省高院提起了再审诉求。2011年年底，四川省高院认定双方签订协议书中的"住房一套，门面房一间"事实成立，判决苍溪县市政公司与薛、刘在本判决生效后十五日内向原告交付一间35—40平方米的门面房。

以上案例充分证明了合同标点和文字、词、句的简单修改和补充何等的重要。

五、注重合同条款的细节审查。起草一份合同其实并不难，只要你有点基础，能静下心，动起笔来都能写出一、二、三、四或子、丑、寅、卯来，但要审查和修改好一份合同，可说比写合同的要求标准更高、更严格、责任更大，首先执笔书写人修改人应具有良好的文化基础和合同专业的基本知识或一般常识。不然的话也会张冠李戴、王二麻子乱来或者口咬笔杆无从下笔，这样就会越写越乱、越改越差、问题成堆、矛盾百出，特别是签订一些预先印制好的文本合同，如不认真仔细地阅读就容易造成一些不必要的麻烦。比如有的人为了吸引对方能与自己签上合同，就随便进行一番信口开河，造成把口头的任意宣传当作合同条款，忽视审查合同上的详细条款，造成事后争论的被动局面；也有的人为了骗取合同一方当事人的承诺，故意在条款中设置种种陷阱；也有的人为了谋取不法利益以丰厚的诱饵来迷惑，如"中什么大奖，请你预交税收后领奖"等理由来骗取钱财。但尽管骗子的骗术层出不穷，只要你留意合同的细节问题，就不难发现合同的漏洞，狐狸尾巴肯定是露着的。

有的经济合同文本会很长、内容很多，有时在签订合同时又往往时间很紧，来不及阅读，更谈不上逐句逐字分析。比如房地产买卖合同有的长达数页像一本书，银行贷款合同密密麻麻小字体加上这附件那副本足足一叠，还有当事人只知签名难得阅读的证券交易合同、保险合同、各种网络合同，等等，如碰到签订类似的合同时最好事先通过咨询或了解，抓住合同标的的某些主次环节而做些心理准备，在签约时对一些合同主要条款一定要阅读了解、审查，以便明确双方在合同履行过程中的一些权利和义务，对某些细节的问题如果在审查中弄不明白，也必须及时向对方做些详细的咨询和提问，只有这样才会减少在合同履行过程中一些误会和纠纷。

在日常的合同纠纷案件中细节问题也真不少，日常出现较多的有如下几种：

1. 常常会出现一些在合同条款中明明写有"双方签字盖章后生效"，但在实际中，有的只盖章未有法定代表人或委托代理人签字，有的只有双方的签字而没有盖章，有的签字只是委托代理人签字，而没有法人委托书，使合同处在不确定状态。

2. 有的合同甚至没有写明生效时间或签订时间。

3. 有的未书写合同有效期起止时间。

4. 有很多合同却容易忽视合同签订地的署名。

5. 特别是对很多初交合同看不见有签约者的身份证件号码、邮箱地址、QQ号码、邮编号码、电话号码等联系方式。这会给日后履行合同过程中的调查、了解、监督检查、业务联系带来诸多的不便。

6. 有的在合同开头的甲乙双方主体上都以单方或单一者出现，而到最后落款时又出现甲乙丙的多头主体或甲乙主体以外附加主体人的名字。

7. 有的在合同开头中的甲乙双方主体的名称和姓名的写法与落款签字时用字不一致、有的大写与小写不统一、有的前后同音不同字、有的甚至前后主体名不同、有的前有完整的姓名后只有名而无姓。

8. 有的合伙合同主体中的合伙人的地址身份情况不详。

9. 书写合同附件时随心所欲，把关不严，出现与原件条款不相配套，前后有矛盾。

10. 合同附件与原件的主体不统一，有的继承人或移交人、接交人也未在附件中交代清楚，只是随意签署新主体名。

11. 有的合同当事人为省时、省力将一份起草完整的正式合同通过复印分发给合同主体的当事人作为正本存档，大家知道复印件时效短易退色，对时效较长的合同切勿使用复印件，以防资料失真。

12. 有的共有财产的购销合同只有户主的签名，而没有共有人的签名（或委托签名）。这样容易出现共有人的不同意见或财产纠纷。

13. 对某些附带才能生效的合同，缺少应有的附件，这自然影响合同效力。

14. 担保人或保证人对某合同用物质提供的担保，缺少物质共有人签字。有的还写上用人格担保等字眼。

15. 对简易的民间临时借款类的合同最容易忽视的归还时间、详细地址、违约责任等没有交代清楚。

16. 特别是对一些简单、方便的所为农业、林业、农副产品购销、农林产品加工业等非即时结清的订单合同，由于条款的缩减文字简化，有的就只有一张通用的姓名、标的和数字的记录单，而在购销标的物的移、接交时只有要约方（或需方）的记录，而无承诺方（或供方）的签名，缺少签约的一方当事人的签字。

17. 有的订单简单没有标的价格和付款时限，最后来个随行就市有钱再付，只体现合同单方的意志，缺少公平性。

18. 有的订单在难以实现货款兑现时，就给人打张随意无付款期限的白条，缺乏合同的合理性。

19. 有的合同既有书面协议的规定，又有口头协商条款要求，出现书面合同与口头合约自相矛盾。

20. 有的企业在劳动用工合同中，背离《劳动合同法》的规定，签订伤亡责任一概由劳动者自负，企业不承担责任等条款。

以上这些看起来都是合同的细节问题，有些可有可无、无关紧要，即使写了觉得多麻烦、讲了又嫌太认真；有些写时公平，行时无理；有些看似合情其实不合法。而这些细节多数往往又是不能缺少、不可忽视、不该小看、不得马虎、不应乱书、不能简化的一部分，如果有意无意地丢弃和缺少就会带来一些不便或隐藏后患。

第四章 合同的风险防范

本章重点：合同履行能力的考察、验证与咨询方法、合同的公证与鉴证。

合同的履行能力，是反映双方主体实现标的的全过程，而这种能力的体现就是合同双方（或多方）主体实现承诺的行为表现。这是一份真实、合法、有效合同必备的应有前提条件。合同履行能力的高、低直接关系到合同标的实现可能的大、小，合同履行能力有、无直接反映出合同主体的真、假。如果碰上一份没有履约能力或履约信用度不高，或设置合同陷阱有意让其圈套，或主观想利用本合同的能力进行反其道而行之，那无形就可能成为一份无效、违约、欺骗、违法经济合同。那么如何去甄别合同是否具备履约的能力呢？笔者认为在签约前，重点做好五询，即证件查询、通讯验询、问询行家与专业协会、调询政府和管理机关、实地考察验证及咨询。

第一节 证件查询

证件查询，也即在签约前对主体的另一方进行各种有关证明材料的咨询和审查，从而进一步证明对方有无履约能力、履约能力的真实性和可靠性，从而提高防范意识并采取相应的措施。本节我们就从证件的查询和发函咨询展开讨论。

一、证件查询。我们曾在合同的资格要件中讲到在签约前要求主体双方提供必须的签约前置的有关证件和证明，特别是特殊行业更是缺其不可。那么有了证件后,还必须审查证件的真实性和有效性,以及这些证件在履行过程中的可靠性、信用度,也就是说是否有履约和实现本合同的能力事关重要不得马虎。在现实中曾有过许多利用各种证件来套取非法签约的目的。现举一例供参考。

2010年12月1日《中国剪报》刊登了《赠与房产被出售"小三"获一半房款》一文。现摘全文如下:

吴女士与张先生结婚20年生育三子一女,夫妻感情尚好。2001年两人购买了位于广州天河区某大厦的一套房,登记在张先生名下。2004年张先生结识了陈小姐,两人不久便开始交往,并于2007年未婚生育一子,陈小姐带着儿子一直居住在上述某大厦房子内,后来陈小姐发现张先生竟是有妇之夫,与张先生发生争吵最后分手。2008年3月陈小姐与张先生签订协议,约定儿子小杰归张先生抚养,张先生补偿她30万元。同日,双方又签订一份《附加协议书》,内容为"双方分手,同时男方自愿将某大厦房产送给女方居住,如果转卖,男方无条件协助办理,房款由女方所得"。以后,陈小姐仍居住在上述房内,直到2009年4月才搬离。同年7月,张先生与吴女士将某大厦的房产以58万元的价格出售给了刘某,同日便过户登记到刘某名下。陈小姐得知后诉到法院,要求张先生履行《附加协议书》的约定,支付出售某大厦房产所得的58万元。

赠房是否合法有效,据了解某大厦的房产属于张先生夫妻共同财产,吴女士未在附加协议书上签名确认,也没有充分证明吴女士事前知晓该协议的内容。得不到房产共有人吴女士的追认,赠与合同还有效吗?而张先生最终在赠与财产的权益转移之前可以撤销赠与,陈小姐还能诉请法院要求他继续履行合同吗?此外被赠与的房屋已经转让过户到他人名下,陈小姐能要求更变登记到自己的名下吗?法院认为,在吴女士事前不知,且事后未对协议进行追认的情况下,张先生无权处分该房屋全部产权,但张先生对其中一半产权及该房出售所得一半房款的处分是有效的。因此该《附加协议书》只是部分无效。

虽然张先生在签订协议后未将房产过户登记到陈小姐名下,但在《附加协议书》签订前后陈小姐已实际占有使用该房,依法可认定张先生将该房一半产权及出售所得一半房款赠陈小姐的关系成立,张先生不再具有任意撤销权,故张先生反悔无效。法院一审判决陈小姐获得一半房款,双方同时提出上诉。广州中院补充意见指出,基于张先生、吴女士的共同出卖行为,《附加协议书》约定的赠与财产已转化为动产,张先生作为共有权人有权分割及处分属于其所有的一半房款。因此,无需考虑不动产赠与以变更登记为要件,法院最终维持原判,张先生应当将该房款的一半即29万元返还给陈小姐,两审法院均没在判决书上对道德问题评判。

以上例子我们不评判法院的判决对与错、不究其道德的好与差、不计资产分割的多与少,而要讨论的是唯一重要的法律证件,不论张先生、吴女士还是陈小姐,他(她)们都有法律证件而获得自身财产权益的保护。这里特别一提的是,陈小姐如果当初对手持证件进行法律咨询的话,并及时办理房产过户手续,就根本不可能造成张先生将赠与出去的房产进行再次转卖。张先生也因《附加协议书》证件存在,而付出29万元,这就说明了证件的重要性和必要性。对一份是否合法有效证件的甄别与严格的审查和咨询是密不可分的首要工作。特别是在市场经济日益繁荣的经济交往中,也更容易使一些不法分子企图利用过期、失效、伪造的各种证件来作为与你签约的前置条件,使你一不小心就陷入合同的陷阱中,那么面对提供的证件,可以采取第二种发函查询办法来进行。

二、**发函查询**。对一份合同签订所提供的证件,除当面现场审查以外,有时还必须进行函询,即发函查询。向有关行政管理部门发函,要求帮助审查其管辖地的某企业经营资格状况和经营信誉。其形式如函件、信件、传真、网络等。但函查一定要向其对方管辖对口的单位,如查询人与被查询的单位是同一系统的部门,他(她)们常常有业务来往和相同的知情,内容和相同协助的权利和义务,从而会提供相关真实有用或有参考价值的回复,而且回复率也较高。反之,如果乱发或发错或对方不对口的部门,那么你这个发函也有可能是泥牛入海,对方不预配合和答复。而且发函的内容又必须礼貌和谐,以求援助的角度和口气,不然容易被拒。函询其实是一个传统查询法,在一定的时期是一种重要手段。前些年里在经济合同的仲裁与管理中就碰到过不少的如此查询,也解决了不少的受骗上当的合同纠纷。现举一例来说明。

有一次河南省有一×××经贸公司曹某、王某、江某一行三人，带着营业执照、法人委托书等证件来到浙江龙游县一家×××食品有限公司，签订了一份50万元水煮笋罐头购销合同，合同规定由龙游方向河南方提供50万元竹笋罐头，供方送到需方仓库，付款办法：货到需方验收付款50%，其余一个月内付清。同日曹某、王某、江某又以同样的方式要求与龙游方订立送货地点为河北某联营分厂和山东联营分厂的各50万元价值的水煮笋供货合同，需方都要求在两个月内履行完毕，同样的付款方式。

供方自合同签好后，认为合同如能顺利实现，那么条件尚可生意可做、效益可观，因为，需方对货物要求既没有挑三拣四，又没有特殊要求，但供方还是疑虑重重把握不准，既想趁机尽快地把滞销水煮笋罐头销出去，又当心上当受骗造成损失。就在双方都处于迫不及待马上想成交的心态时。供方跑到工商行政管理局经济合同仲裁委员会（现为合同监管科）和经济合同仲裁庭（现为工商所市规合同管理室）要求帮助函询调查，核实对方有否履约能力。

供方所在的工商行政管理部门，根据供方申请和要求，不但指出合同存在较多问题和风险，而且还热心帮助马上向河南、河北、山东三省县的工商局发电报函调，经过电函得到的结果是山东、河北的回电是查无此企业，只有河南的回复说"要求查询的企业经营状况较差，注册资本10万元，停业一年，未验照，请慎重"。在得到此信息后，龙游方马上用以对方执照未验检和超越承受能力等理由终止了合同的履行，避免了一场不必要的经济损失。

以上的例子说明我们在签订合同时，只要对疑点仔细查阅也可发现漏洞，同样还可采取一些补救措施。一旦遇到因经验不足和审查把关不严而签订了合同，那么可以通过有关部门的函询来弥补和完善原先的不足。其实以上水煮笋罐头的三份合同从证件审查上就产生了过失现象。一是营业执照未验检就是一个大隐患点；二是从营业执照上的注册资金上看，10万元的注册资本根本没有一次性履行150万元的履约能力，大大超越了法定的注册承受能力。通过函询和资质的审查使合同双方主体都无话可说，避免了一场在欺诈或虚假合同上的铤而走险，把经济合同纠纷解决在萌芽状态。

第二节 通讯验询

电询是指通过电话、传真、网络等通讯设备进行咨询的一种简单方法。别看这一做法简单，可常常还是管用避陷的一种好手段。本节要举的例子实在太多，但究其内容和形式也都大同小异，所以不想展开多讲。下面就电话和网上咨询作两点辅助说明：

一、电话咨询。这是最简单而实用的方法，一般的合同和要约都有其电话号码和地址。当你手上有了合同和要约后，最好先拨打电话向对方多做些情况查询，如果对方有诚意和你合作交往的话，通常会热情仔细地和你交谈，并话意也紧扣现实和主题，与双方的意愿目标距离也不会很离谱。对方如果给你的回音是很丰厚的待遇或利益、或特别吸引人的措施和条件，那你就该多个心眼，以防上当受骗，不要轻易吃陷饼，盲目相信人。我曾在一些报刊上看到很多的致富广告和保健广告，实在打得很诱人，有什么用几十平方米土地，投入500元种子能栽培出年收入超几万元的冬虫夏草的种子销售广告；还有什么药到病除、妙手回春、先治病后付款无效免收钱等忽悠广告。

有一次有位消费者拿着报纸来要求咨询冬虫夏草广告内容，我按其报纸上的号码拨通了对方的电话，接电话人说："是的，我店有冬虫夏草种子出售并保质保量，免费赠送种植技术指导资料、包产品回购不愁销路，交往方法是先汇款后寄货，本店在收到汇款后，三天内发货，不需来人当面取货，以免增加食宿、车旅费，以信为本"。当我们提出要当面交款取货时，对方就马上改变了主意："我在某某的一个大城市里的一个小店面，而且店面还在装修，你可能一时找不到，何况我的生意是全国跑，顾客很多，也没时间接待你们，如果你直接汇款，我可以降价30%，附带送你栽培技术咨询书一套，我的汇款账号是×××号。因本店种子珍稀，数量不多。欲购者从速，如三天后不汇款，不享受降价待遇……"根据对方的电话交谈，笔者也根据电话的区号，拨通了对方当地的114电话查询台，了解当地主管部门和消费者维权部门的电话号码，接着再向当地的药检、种子、农业、消费、工商有关部门作了通话调查，得到的结果都是以否定或慎重的口气，这就自然与虚假和欺骗的可能画上了等号，并明确地否定对这场要约广告的承诺和信任。就这么简单的电话咨询就避免了一场不必要的经济损失。

像这样的事例不仅报刊有，而且在手机、短信中肯定也不少，如你中了20万元大奖，请交税到×××账号后再来领奖；还有你的小孩住院了，请速汇钱救命等等。如碰到这些情况，你都得慎重思考，最好回拨对方的电话进行查询，尽量减少你身边的欺诈埋伏点，这样简单的方法为何不采取呢？

二、网上咨询。在今天信息化的时代，查询的现代化手段也越来越多，网上咨询确实是条很好的渠道，它既快又详细。现在相当多的政府、事业、企业、学校等部门都有网上站点，只要你鼠标一点，它就马上向你介绍你想了解的内容，这自然加速和便捷了你所咨询的进程，不愧是现代科技的好工具。但是在咨询的过程中必须注意变化和虚拟两个问题。

1. 变化问题。我们大家都知道，电脑网上的东西都受一定的时间和空间的变化而变化，特别是中小企业经营状况变化特别快，如果说两年前登入网站的企业信息，如没有及时更新的话，那经过运行它的变化一定是较大的，有可能在资金规模上不断壮大，发展前景很好，也有可能扩大转型为母子公司或兼并、合并为另类企业；但也可能是经营不当亏损或倒闭而名不副实；也有发展不快不慢维持原状的状况。所以说对对方的发展变化状况咨询要慎重，不能掉以轻心，免得老观念遇到新问题措手不及。

2. 虚拟问题。网上的信息多而广，虚拟成为不可避免的问题，甚至有的不法分子还千方百计利用网上手段进行诈骗。这种例子屡见不鲜。

就在2010年12月浙江龙游有家公司，公司老总宣某在阿里巴巴网站发现深圳有一家公司，有一种进口高档金属材料出售，价格低于国内市场，而且这种材料目前市场上很紧缺，于是老总宣某就在网上与对方聊了起来，并按照对方要约的条件作了承诺，决定同意先付7.8万元预付款，余款20万元货到龙游付清，款汇到三天发货。

然后宣某马上通知财务汇款，结果十天后也见不到货，经电话联系后，对方再提出要求说"货已送到衢州，请需方再汇10万元预付款，货就送到龙游"。宣某提出要到衢州看货，对方说"你若不汇款，我货就拉回深圳了，你也找不到我们"。根据对方的行为和要挟，宣某发觉苗头不对，派人立即进行查询，通过有关部门的积极配合和认真查询，发现深圳根本没有这个商家，也找不到网上那个签单人。对已汇出的 7.8 万元预付款，已在江西省的某银行被人现金取走。就这样 7.8 万元人民币不翼而飞了。从这个例子我们也可看出现在网上查询的东西也不一定完全真实，有真实的、有虚拟的、也有各种欺骗和欺诈陷阱信息，而且网上欺骗的高手不少、技术不低。我们真的要树立害人之心不可有，防人之心不可无的签约观。

第三节　问询行家与专业协会

问询行家与专业协会，是指咨询人向对方或本方的同行业者和其行业协会进行咨询的一种方式。而这种咨询的主体一般为业内人士和专业组织。因为他们懂技术有经验，有的是老本行老专家，有的是行业的先锋和领头雁，有的是几代人的行业传人和精英，特别是专业协会是众多企业的联合组织，他们集聚着"八仙过海、各显神通"的技能，有各种酸、甜、苦、辣的经验和教训，都是一些自然的社会大课堂，那就应该多学、多问、多拜访。本节我们就从同行业者和行业协会两方面说起，作为我们在签约实践中的参考。

一、向同行业者问询。俗话说"隔行如隔山"。这说得真没错，人们的生产和生活、商品经济的流通和交换、市场的扩大和细化、社会的进步与需求、科技的发展与创新，促进了世界贸易经济的日新月异的发展，商品也越来越繁荣，品类越来越复杂化，形成商品间的单个知识层面逐步地纵深发展，这无形中给我们造成了隔行如隔山的概念。那么是否有隔行如山的跨行业合同呢？回答是肯定的，因为商品经济的目的就是要实现商品间的交换，而经济合同就是交换渠道中的桥梁，正因为有了这座桥梁（口头合同、书面合同或其他形式的合同）才形成了市场，经济合同正好是完成隔行如山传递和交换的重要任务。那么可以说订立跨行业的经济合同是必然的、不可避免的，是经济发展的产物，是时代发展的趋势。经济合同其形式和内容越来越丰富，地位和作用越来越重要，要求和标准越来越严格，交换和沟通的地域和范围也越来越扩大，根据社会分工的细化涉及的领域和主体也越来越繁多。

因此我们在签订经济合同时，如有疑问或不放心或对标的物知识不够了解而怕受骗上当，那么你最好向标的物的生产和经营的同行者进行问询求知摸底调查，因为他（她）是业内人士，能讲得出一、二、三和A、B、C的理由，会向你介绍你所未掌握和了解的东西，从而也使你为签约打下良好的心理基础，会增加一些踏实的感觉。

这里简单地打个比方，如果你刚学签一份粮食类的稻谷收购合同，那你就必须虚心向老行家、老农民讨教，弄清楚是早稻谷、还是杂交稻谷，是粳谷、还是糯谷，是南方稻谷、还是东北稻谷（因为稻谷可细分为籼稻、粳稻、早稻、晚稻、中稻、黏稻、软米、陆稻、常规稻、杂交稻、再生稻、直播稻、香米稻等等）；在各种不同名称的稻谷中，还有其不同的型号，如杂交稻中有各种品种和名称如协优56号、粳稻中有58号等等；在诸多稻谷中储备特点不一样，早稻谷易保管储存时间相对较长，而杂交类稻谷储存时间相对较短；稻谷的口感不一，早稻谷米质粗糙质硬，一般作为国家收购的储备粮或词料用粮为主，而作为食用畅销的大米，多为常规杂交稻米，因它质软口感好，尤其是东北杂交大米更有别有风味；稻谷的收购销售价格也不一样；还有不同地区间有不同保管储存的条件与办法等。在弄清稻谷的种类、特点、性质、用途、储存方法与技术、地区与价格差别的基础上，再下笔签约就心底踏实有谱得多了。

二、向行业协会问询。三十六行，行行出状元，这是最普通的道理。自从市场经济以来，经济结构趋向多元化，各种行业的市场竞争也越来越激烈，在竞争中行业内不断地优胜劣汰，从而也涌现出许多行业状元式领军企业，在这些龙头企业的带领和引导下，行业的分工协作和企业的兼并联营逐步地形成，而且还有很多的行业为增强实力、占有市场还成立了专业的行业协会。在协会的主持下，统一生产经营。从近年看，从中央到地方、从城市到农村、从国营到民营，分别出现了不少的专业行业协会和合作社，而这些专业经济组织，有的虽然不具有经济实体性质，但它了解掌握不少经济主体的经济实力、信用等级、企业规模等信息。有的行业协会还直接参与企业经营决策为经济主体撑腰摆渡，成为企业娘家人，而且这些协会的骨干分子和班子成员绝大多数是行业的佼佼者或行业中拼搏出来的精英人物，他（她）们懂得经营和生产业务，在签约时如果能向他（她）们多学习和问询，那肯定受益匪浅，不但会增加见识，还能避免一些不必要的经济损失。

俗话说得好："凡事要好，先问三老"。我们是否把它理解成"签约要可靠，虚心问行老，行业出精英，仿佛自感小"。如果发扬这种虚心拜学的问询，那么被问询人多少会被你这种精神所感动，会做到能者为师向你推荐或介绍一些你想了解和掌握的有关知识和信息，有时还会得到你所未预料到的收获或效果，对签订好一份合同自然多了一些成功因素，少了一些担心和失误，这就是与古人说的"听君一席话，胜读十年书"一样的道理，这种经济实用、有求必应、现存客观的求证与考实的问询方法，为何弃而不用呢！当然也不排除可能会产生某些无用和虚假信息，为此这就需要我们自己去辩证分析谨慎思考，然后再有目的有选择性地进行扬弃，或者进行多方问询综合比较再视情而定，这就自然成竹于胸了，你说是吗？

第四节　调询政府和管理机关

调询政府和管理机关，也就是说咨询人向被咨询人的当地政府和有关主管部门了解被咨询人的一些相关的信息资料。这种调询的信息可靠性相对较高，因为它来自最直接最基层的属地权威管理信息。并对提供的信息人员有一定的法律责任，是一条好的调询渠道，调询又分为政府和相关部门两个信息区域，下面就进行分区介绍。

一、向政府调询。因为企事业单位及各类经济主体和自然人都在当地政府的管辖和领导下生产和生活，特别是有些还受宏观调控的影响，政府部门直接联系和指派人员进驻企业当主管和助管。政府官员们也为发展地方经济千方百计出谋划策，起到为助推经济发展保驾护航的作用。有的地方还专门建立政府官员直接联系企业制度，在目前看来市、县、区的政府多数有招商引资专业机构和工业开发区管委会的专业组织。乡镇政府里也专设有工业管理办公室和专管工业的副乡长、副镇长，在这些机构里都有其所属企业及一些经营大户的有关信息资料，而且这些信息具有较高的时效性和准确性。

特别是近几年来在政府引导和政策的鼓励下，对大力发展农村经济，尽快缩小城乡差别，走共同富裕道路的观念也越来越强，有不少农民走上了经商创业路成了老板和富翁，特别是现在农村一级的新生经济实体和专业组织机构正如雨后春笋快速诞生，现就以农村专业经济合作社这个经济主体为例吧！近年来各县、区的乡（镇）、村很大一部分都积极创办成立了农业产品、林业产品的各种收购、种植、生产、加工、销售的专业合作社，有的地方几乎遍地开花，不仅村村有合作社，而且一村有多家合作社。据不完全的调查统计，能真实正常经营和运作的专业经济合作社不到2/3，有的执照成为废纸一张、根本没有开展过业务；有的经营业务很少；有的想经营而又不懂得经营法则；也有经营亏损而歇业的，所以说像此类农民专业合作社，在各地乡镇政府的工业管理部门就比较清楚，那里有第一手材料。再说政府在宏观调控方面，对该经济主体的转与停、好与差也把握得更准确，调询工作值得一试。

二、向部门调询。我们知道经济主体来源于各行各业五花八门，不能从某一个部门就能满足我们调询的需要，有的可能要通过几个部门的调询，才能完整我们的调询内容或要求，这是因为经济越发展，它的范围、名称、类别、用途和属性的确定也越来越复杂，生产制作的分工也越来越细。目前在我们国家现有的体制下，有相当多的行业分类都有其部门专业的行业管理和监督机构，而这些行业主管和监督机构也是咨询人需咨询的重要部门，下面略举几个例子供参考。

1. 向工商行政管理部门调询。工商行政管理部门负责所有国营、集体、个体企业执照的登记注册和停业、歇业、注销、吊销的工作，掌握所有经济主体的基本信息资料和信用管理信息。每年对经济主体都有验检资料、企业经济运行的基本信息及企业信誉等级情况，对有些特殊行业也都有特殊行业许可证的前置条件。只有前置条件符合，才能注册登记或通过年检关，反之企业如果有欺诈造假、抽逃资本金等不良行为，工商部门也有许多及时处罚和黑名单之类的记录，只要鼠标一点就清清楚楚。这就为我们调询创造了真实客观的条件，你不妨试试。

2. 向财税部门调询。凡是一般合法正常的经济主体在财税部门均有一般纳税人户口，而这种纳税的多少和大小情况也恰好反映一个经济主体的生产、销售、经济运行状况，而且财税部门对经济主体的日常财务进行时常的监督，对经营效益情况比较清楚，是一个咨询的好部门。但是对一些规模小的小摊小贩和临时上市经营的小企主,因其营业税收在国家免交范围内的小经营户,在财税部门不一定有登记也可能查不到,对这种情况就得向市场举办方或负责个体工商户注册登记的工商行政管理部门了解。

3. 向银行调询。银行直接掌握经济主体的经济流通的脉搏,银行不仅能反映经济主体的规模大小、效益好差,而且还反映企业的信誉等级。在一定程度上可以说银行离不开企业,企业少不了银行,它们是互惠条件而实现自身目的的两个不同经济实体。可见银行牵涉的企业较多,专业性特强,对自己的一些贷款企业资金运行情况有专业人员在日常生活中进行监督,他们最讲究企业信贷的信誉,并专门设立企业还贷的信誉记录档案,有 A 级、AA 级、AAA 级、AAAA 级,好、中、差、上、中、下,担保、抵押、呆滞欠款等等记录清楚齐全,所以说在有条件、有可能时向银行部门的咨询也有相当高的准确度。

4. 向技术监督部门调询。现在为确保商品质量,从国家、省、市、县的政府的行政执法机构中专门设有技术监督管理局或站、所,在这个机构里因为他们专业从事商品质量技术检测和监督,对某些假冒伪劣商品一有投诉或发现,他们就会依法检测和查处,并一一记录在档。而我们在碰到对订立合同的商品质量有异议时,可以向技术监督机构申请调询或检测,通过这种专业的权威执法机构鉴定结论既放心又合法,为我们合同标的质量安全系上了安全带。

除以上四个部门外,还有特殊经济主体的专业管理部门。比如说市、县(县级市、区)的政府机构下都设有医药、公安、计经委、发改委、邮政、土管、林管、农业、统计、城建、规划、安监、教育、文化、旅游、卫生、法院、环保、交通、水利、劳动保障等行业监督管理的行政机构,只要是特殊专业对口,这些主管部门都有其特殊的经济信息资料。

第五节 实地考察验证及咨询

为顺利放心履行合同标的,在签约前派人或亲自直达,对经济合同的另一方直接和间接地进行实地考察验证及咨询,这是最真实可靠的调查和了解甄别方法。通过整个验证及咨询的过程，使你不仅能掌握对方不少的信息，同时也为合同履行的可靠性提高了一大步，增强了踏实感。不过这种方法会增加一些时间精力和费用上的消耗，一般主要与大额而又是初交的新合作伙伴，最好采取实地考察验证及咨询的方法比较安全，它能起到眼见为实的作用，下面我们就简单地介绍实地考察验证及咨询的几种方法。

一、派人赴实地考察验证及咨询。对新交的大客户，必要时一定要派人到对方实地进行考察调查，审查其原证件情况及对方与你成交标的物的实体现场，达到身临其境、亲眼目睹、实而不虚的目的，特别是有些标的物有物无证件，原证件可能早作贷款抵押或借款抵债或已转他人，有的可能证件不全，有的可能有多种证件，有的可能证件本身有误等，这里不妨举个例子供参考。

2010年7月22日《法制晚报》刊登了《买卖房屋签阴阳合同》一文，现摘如下：

2010年5月，北京人胡师傅病故。三个儿女清理他的遗产时发现一份《房地产买卖合同》，胡师傅将自己的一套拆迁安置房出售给付先生，价格为38万元，因为2000年父母买这套房的购房价是38万，所以胡师傅的两个儿子之一胡某很惊讶父亲以这么低的价格卖房。母亲去世后他和弟弟也没过问，认为这是父亲的房子，父亲拥有处置权。而妹妹则坚持房价就是合同上约定的数额，遗产就应该按38万元分。

胡某和弟弟从二手市场了解到，父亲的房子至少能买120万元。胡某对房屋的买卖合同产生了怀疑，遂来到房地产交易中心咨询，工作人员建议他以遗产继承的身份找买房人核实房屋买卖的真实价格。于是胡某找到了买房的付先生。最终，付先生承认他和胡师傅签订了阴阳合同，一份是真实的，房价是120万元；另一份是假的，就是胡某手中的这份，房价是38万元。付先生说他委托一家房屋中介公司购买胡师傅的房。按约定，房屋交易中的契税、营业税由他来承担，个人所得税则由胡师傅承担，但中介公司说，契约税、营业税两项加起来8%，如果按120万元计算，要缴9万多元，而胡师傅的房若按买房时差价82万元，缴纳个人所得税要16万多元。于是两人就在中介公司的策划下签订了阴阳合同，共少缴25万多元税费。

弄清事实真相后，胡某的妹妹主动承认了错误，三兄妹按缴纳个人所得税后的卖房款分配遗产。付先生和胡某的妹妹按真实合同向税务部门补缴了营业税、契约税和个人所得税。

律师指出，阴阳合同存在四大法律问题。一是买卖双方拿假合同办理了过户手续，一旦发生纠纷打官司，法院不会对过户手续予以认可，买卖无效。二是阴阳合同一旦被揭穿，法院就会对签订阴阳合同的双方进行民事制裁，依法收回违法所得的收入或约定收入，比如少缴的税费。三是表面看签阴阳合同可规避一定的税费支出，但买主逃避的税费数额如果达到一定量，还有可能构成犯罪，被追刑责。四是会给这套房子再次交易埋下隐患。由于买入价低，再次交易时，卖出的价格和买入价之间的差额增大，卖方为此要缴纳高额个人所得税。

以上胡师傅的例子只是一个代表，其实现实中，有些为了规避交易的税收和费用，减少交易环节，越过某些法定的监督检查，千方百计想办法促使交易尽快地成功采用各种措施与办法，订立像胡师傅一样的阴阳合同或协议，它涉及的不仅是房产，还有其他经济交往领域都可能会出现一些假票证、假凭证、假证明、假收条、假欠据、假契约、假签字、假材料、假证、假照、假货、假要约、假承诺、假主体、假账号、假品牌、假说明、假地址、假印章、假盈利、假亏损、假报表、假业绩、假宣传、假广告、假信息等众多的假象。为此建议我们派人赴实地考察验证及调查咨询时一定要仔细慎重为好。

二、主体直达实地考察验证及咨询。直达咨询是一种咨询方和被咨询方双方的法人代表或合同主体为对双方确保合同的真实性和可靠性而直接到对方现场进行面对面现实考察验证及咨询的方法。

这种考察验证及咨询的方法一般适用签订一些自己认为重要重大数额的经济合同。它具有以下几个明显的优点。一是具有直接性、面对面、公开调查对话，能当场提出疑点和解释问题，为你是否签约、怎样签约、注意什么、如何把关有更深的理性认识。二是对一些你想了解和应知道的客观存在的事物能看得见摸得着，从而提高我们对订立合同决策意识的感性认识。三是对合同订立得是否可靠有了第一手的可行性的分析资料，为把脉真实与否提供了有效的依据。四是加速了合同是否订立的决策程序。五是能更适度地掌控合同条款的轻重环节和合同标的大小和多少。六是针对不同的主体和标的会有各种不同履约方式和方法的出现。七是对解决双方的矛盾与纠纷的办法、措施、途径会不同。八是直达与间接、考察验证与非考察验证、对主体间的交流情感的表现形式和深浅度不一样。但也存在着缺点。一是增加了很多双方的麻烦和费用。二是在考察验证及咨询的过程中会消耗一定的时间和精力。

实地考察验证及咨询的方法，它通常除了为签订经济合同而事前专程考询的形式外，还包括日常主体间的互相访问、考察、交流、对接和技术传授等，这也都是一种直达咨询的方式之一，而这种直达的方法，能为我们避免一些不看不知道、看了吓一跳的现象。在现实中，有的人为实现即得利益，用各种五颜六色的广告、悦耳动听的语言、丰厚利益的诱饵，想方设法误导你的现象也真不少，你只有多做思考、多做调查、多到现实中去认真考查咨询，就会避免和预防一些不该发生的骗局，减少和消除不应有的怨气，多想想不入虎穴焉得虎子的道理，采用这种直达考查验证及咨询的方法对签约的准确率相对较高。

三、向旁人咨询。向旁人咨询也就是在签约前咨询人，对被咨询人通过派人咨询和直达咨询以外的第三者（旁人）进行咨询的一种方式。这种方式可直接进行也可间接进行。所谓直接进行就是通过派人咨询和直达咨询后，再进行对相关（或不相关）的第三者进行咨询的活动。间接进行就是避开对方的直接当事人，而通过隐蔽、保密的形式向与标的物相关的第三人和不相关或知情人进行咨询了解的咨询活动。间接咨询是一种背靠背的侧面了解，也能帮助我们得到一些真情实况，有时还会得到一些平时难以得到的信息，这种旁人咨询法有时是很必要和及时的，在这里想举四种咨询考查的方式供读者参考。

第一种方法是向有经验的旁人进行咨询。这种咨询的对象相当多，有与合同相关的和不相关的，有本地的也有外地的，只要对下一步履约合同的标的物具有经验的人，都可以成为你的咨询人，你可以多咨询几个人，自然就会多几分对签约和履约能力的把握，因为很多有经验教训的人，是花金钱和血本换来的，有的是实实在在的多年积累，有的虽不属直接可运用的经验但有参考的价值，有的可能还是长期授用的经典。只要我们真心实意多做咨询，一般都能得出甲、乙、丙、丁的道理来，这种以学为先的办法能为你签约提供良好的决策和依据。

第二种方法是向专家型的旁人咨询。社会生活中师傅的角色，往往显得非常重要。因为他（她）们是业务的精英和内行，专业知识特别强，技术力量雄厚，经验比一般人要丰富得多，而你只要向这些行家咨询后，不仅心里踏实，而且还会使你增加很多的专业知识，增强你处理问题和解决问题的能力，增大对签约决策的敏锐性，帮助你拓宽签约的思路和视线，像这种专家型的旁人就是我们签约咨询过程中难得的高参。

第三种方法是对主管业务部门的上下级人员咨询。我们前面在对行业咨询和政府的咨询中也曾讲到过向主体的主管部门问询问题，而在实地考察验证及咨询中的向旁人咨询，着重是指对将要签约合同标的物的业务主管部门的上下级有关人士的咨询。我们知道一种商品都有其归口的业务主管部门。商品的标准随着时间、品牌的不同也会有变化，有国标、部标，也有的只有厂标，面对某种商品质量的标准咨询，可能向商品生产的技术监督部门，或商品主管部门或同行业者的上下级人员咨询是最恰当不过的。而且也只有他（她）们能拿出一定的科学数据和法律依据，采用这种方法和渠道得到的咨询结果一般准确度较高，可靠性更大。但是，不是说所有的合同都必经这个咨询程序，平常一般交往的普通简易合同、而非重要和大标的合同也不需要搞得那么认真复杂，只是做一般了解就可以了，当然你认为自己没把握，一定要进行咨询才放心，那也不妨一试，免得大意失荆州啊！

第四种方法是向对合同标的有关联性的人员的咨询。因为有些合同不仅仅是甲乙双方完成标的物所有权或使用权的移交就万事大吉了，而在实际操作过程中还有可能存在着其他种种因素，比如说，(1) 合伙人权益意见是否统一和是否有合伙人签字或者委托书。(2) 标的物是否已作抵押或出借、出租。(3) 标的物是否已成赠与物。(4) 标的物是否多方转让成为欺诈物。(5) 标的物是否属于以法受理的程序之中或查封扣押物。(6) 标的物是否存在纠纷和争议。(7) 标的物权属界限是否清楚等。对合同标的物的这些来龙去脉必须详细全面地实地考察和咨询，这样才能减少和避免一些不必要的麻烦和损失。

讲到订立合同注意标的物的关联性问题时，使人不由自主地想到一些因关联性而造成合同纠纷的案例，这里就推荐一个购房合同案例供参考。2012年9月21日《中国剪报》第6版转载了9月19日《北京日报》由陈昶屹先生写的题为《购房须知"买卖不破租赁"》的报道，就很说明问题，全文如下：

浙江的单女士通过房屋中介买下一套190多万元的二手房，等她全额支付了购房款并办理了房产证之后，却发现这套房子她根本住不进去，因为房屋里已经有承租人，而且跟原来的房东签了20年的租赁合同。承租人表示除非单女士将租金及房屋装修费退还给他才同意搬出，否则按照他手里的租房合同，单女士别想住进来。

实际上，我国合同法第229条明文规定了所有权变动后的合同效力，即"租赁物在租赁期间发生所有权变动的，不影响租赁合同的效力。"就是说，购房者购买了房屋，取得了房屋所有权，也不能在租赁合同期限届满之前随意将承租人赶出房屋。

因此，承租人占有房屋拒不搬出也是有合同及法律依据的，这就是所谓的"买卖不破租赁"规则。承租人可以根据与原房东之间的租赁合同权利对抗新房东提出的超越原本租赁合同义务约定之外的一切要求。所以，对于购房是用于自住而非投资的买受人而言，在买房时一定要仔细考察房屋的占有使用情况及租赁关系，以免忽视了"隐藏"在买卖合同关系之外的租赁合同关系，日后购房自住时与承租人发生矛盾，同时向原卖房人维权花费不必要的时间和诉讼成本。

关于对合同的履行能力甄别的把握，我想只要采取以上几种实地考察、验证及咨询方式和办法，一般都能抓住其实质性的东西，即使有些假冒或不真实的东西也容易被觉察和发现，因为虚假的东西总是心虚而底气不足，真实的东西哪怕千锤百炼也难失真。正与古人说的"真作假时假也真，假作真时真也假"是一样的道理。只要我们确立警觉、勤学、多问、认真、仔细地去甄别，那么你就近似于孙悟空的火眼金睛，为进一步顺利签约打下良好的基础。但是在这里需指出，不是说所有的签约都得必经这五个咨询程序。在日常生活中必须灵活掌握看情况咨询,这里讲得那么多,只是供你参考而已。但是对一些初次订立合同的新主体(即新客户)来说,还是多一些实地考察、验证、咨询为好,这里我想把对签约过程中的前、中、后(即合同的孕育、形成、履行)三个不同的阶段,将其简要地归纳为九多九少,即:

在签约前:多一些考询、会少一点隐患;多一些麻烦、会少一些担忧;多一些交流、会少一点误会。

在签约中:多一些推敲、会少一点失误;多一些仔细、会少一点漏洞;多一些预防、会少一点争论。

在签约后:多一些沟通、会少一点弯路;多一些诚信、会少一点纠纷;多一些守法、会少一点案件。

第六节 合同的公证与鉴证

合同的公证与鉴证虽不是必经程序,但它是一个以法审查、发现问题、帮助完善、公正公平、担当职责的执法过程。其实一份经济合同形成并双方或多方签字后就具有法律效力,对合同的公证、鉴证与否除法律有规定的除外,一般属一种自愿的行为。但为了慎重起见,通过公证和鉴证的专业机构来进行把关,在这个过程中专业机构也能帮助你发现很多问题,以利于及时纠错,减少经济合同在日后履行中的隐患。下面就从委托公证、鉴证;公证、鉴证帮助发现问题;公证、鉴证承担责任三个方面进行分析。

一、委托公证与鉴证。合同的公证部门也好鉴证部门也罢,它们都是对合同进行监督审查的权威和专业部门,在公证(鉴证)前,他们都会对你所委托要求公证(鉴证)的合同,事先进行平等性、合法性、合理性、完整性的多方位的审查和了解,如发现问题,他们会及时地向你指出,并会提出如何解决问题的办法措施,这样你的合同自然就会完整和放心一些。

《合同订立技巧与风险防范》一书写到这里,可说是基本可以告一个段落,该说的都说得差不多了。为什么这样讲呢,因为在前三章中已将合同的主体、实质、形式要件等都分别做了介绍,从论述的程序上和合同形成的角度上都达到初稿形成阶段。以上三章各关口都把好了,合同也订立了,但如果你还不放心、有疑虑、拿不准、不踏实,这不仅对一个初学经营签约者也好,还是老供销人员也好,都会产生正常的心理责任和压力。在这种情况下,那么就劝你和双方或多方当事人取得联系,凭着我们已签订好的合同或正准备酝酿签字的合同,也可以是已生效的合同,一起去公证或鉴证部门办理一下鉴证或公证手续。

目前能办理公证和鉴证的部门主要有二个:一是每个县(市)都有合同公证处,这是法定公证的专业机构。二是工商行政管理局内有专门的市场合同管理科、股、室,这也是一个法定对合同审查监督鉴证的部门。但现在有的政府部门内部和法律工作服务部门内也设有对经济合同的审查和公证或鉴证等服务。

合同公证是指国家公证机关根据当事人的申请,依法对合同的真实性、合法性进行审查。

合同鉴证是指合同的管理机关,根据当事人双方的申请,对所签的合同进行审查,证明其真实性和合法性,并督促当事人予以确认的制度。

合同的见证是指合同双方当事人为保证合同的履行,特请签字的中间人或证明人。

合同的鉴证和公证的过程中,专业部门不管你合同订得好与差,他(她)们都会以认真的态度投入审查和探讨,能帮助你补充和完善或修改在该合同中必不可少的一些条款、语句、词类、文字、标点等内容。在经办中除审、修、查外而且还为你准备合同封面封底,写好各方的委托书和授权委托书,还会对各方进行有关合同事项公证鉴证的调查记录,审查存档与合同标的相关的附件,并对记录和合同副本进行完整的存档和规范的保管,成为你合同监督的第三方。这样就自然多了一处合同的存管方和履约的监督方。对严守合同诚信履约将会起到积极促进的作用,对条款语词、字句、标点的审查也多了一道安全防线。

二、公证与鉴证的功能。经济合同的公证和鉴证的功能很多,主要有以下四个方面:首先是帮助你预防各类无效合同、欺骗合同、欺诈合同的发生;其次是严肃确立合同主体依法诚信履约、守约观念;再次是帮助内容修补和材料的完善;第四是材料的依法存档及法律责任的承担等,无形中起到避免和减少合同纠纷的目的。有许多合同双方在签订过程中并未发现问题,一到公证和鉴证时问题就容易显现出来。通过对从事经济合同鉴证工作几十年的部门经验和案例的实际调查，从鉴证中发现了众多的欺诈合同和无效合同，从而归纳和总结出一些可供参考的结论，在此作简单的阐述。

（一）"五无五有"是欺诈合同的特点

欺诈合同是用欺诈手段达到非法占有的目的。其行为贯穿于合同的签订、履行的过程中，许多不法分子利用信件、广告、网络、中介、来电、来人、连锁、加盟、包生产或种植技术、包产品销售、返利返本和传销等方式以给你丰厚的利益、特殊的待遇、优质的服务为诱饵，一旦欺诈机遇成熟时，就面子一拉下毒手。有的用质量不达标来挑剔；有的设置合同文字陷阱；有的设置层层货物转移圈套；有的托交转换主体或名称改变服务内容和方式；有的一旦货物到手赖账躲避。那么如何来预防欺诈合同的发生呢？首先必须从"五无五有"的特点来分析。

1. 无履约诚意，有非法占有的目的。行为人实施欺诈的目的就是非法占有对方当事人财物。从表面上看他以合同为手段。提供书面依据作假据，其实根本无履行合同的诚意，只是一时的诱惑。2007年春，浙江某县某乡某村有批农闲妇女正寻找来料加工业务，刚巧有辆桑塔纳轿车驶进了村，几位年轻"老板"来到张某家寻找白衣大褂加工户，工艺简单收入可观，就在这供需巧合的几个小时里，张家和几位"老板"签下代加工白衣大褂合同，合同规定中有一条，甲方为加工户预先代购一台服装加工样品机，须预付现金2000元，样品机隔日交货，其余机器和增加机器台数由加工户按加工能力和速度自行购制。张家按合同规定付款后，几个以时间紧急以帮助购机器驶车离乡返城而一走了之。次日，张家左盼右等也见不着样品机的出现，经报案程序后凭合同地址也查无此人，一份欺诈合同就这样人走鬼没杳无音讯简单快速地产生了⋯⋯

2. 无履约能力，有诱人的骗术。行为人不具备履约的主客观条件，而以诱人的骗术与人签订那种工资待遇高、劳保福利好、劳动强度小、环境条件优越、各种引人眼球的假、大、空的合同，从中达到诈取钱财的目的。

前些年在合同鉴证中碰到过这样一起咨询案例，某公司以浙江某中外合资公司的名义到江西省几个县、乡、村签订了一批食品生产加工企业的招工合同，向每个被聘当事人临时收取报名费和约金200元（当时招工单位说

200元中有50元属报名费,150元用于大家进厂报到前的信息、业务、交通、接待等联系约金费用)。被聘者最迟不超过一个月可进厂上班,若确未被录用者或有突变的客观原因,只要有本人申请村民委员会的证明,约金150元可退还给交款者。对已聘用而无故不到者200元作为违约金论处。

但谁知道数十人自从交了报名费和约金后,几个月后都等不到一个电话和一张通知,有几个当时的受聘者,还不惜代价长途远行带着招工合同,跑到浙江寻找招工企业和招工当事人,可就是一直找不到企业见不着人,出现了一场哭笑不得的合同骗局。

3. 无法履行合同,有意设置陷阱。有的欺诈人为了实现非法占有的目的,有意在合同条款中设置陷阱,造成对方无法履行合同条款,有意让你违约而放弃定金和中介费,并还要支付对方违约金。龙游有家木制品厂为寻找加工、生产、销售的大户,向某市一家中介公司交了一万元中介费与其订了一份业务介绍的居间合同,合同中规定只要合作伙伴寻到就视为居间成功,至于业务洽谈成功与否中介无直接责任。

结果木制品厂厂长包某要求我协同配合与中介一起去上海一家企业去签订加工定作木制品合同。合同标的是码头船运场集装箱防潮木垫。在上海与中介介绍的那家企业的洽谈中,木制品厂方尽管条件如何升降和变换,上海方总是提出十分苛刻的要求和条件,在随带的样品上翻来覆去地找问题,一会提出产品达不到千分卡测出的误差允许标准,一会提出木头的活节与死节分布不均衡,一会提出木质之间干湿度收缩不统一会影响质量,还提出各块拼木色泽有差异等等,千方百计导致你以谈不成而自动放弃最终达到联手目的。

而中介方只是一言不发坐山观虎斗,还提出公司因有急事不好意思须马上离开现场,走前反复嘱咐双方慢慢谈,"我总算把你们供需双方找到了合作伙伴,希望双方尽可能把合同签下来……"在中介方退出洽谈会后,双方的洽谈条件距离越拉越远,成功的概率越来越渺茫,最终达到不欢而散的结局。

木制品厂包某心情有些郁闷,向中介提出因中介不成功,要求返回部分中介费,而中介构机总是以我已按合同办事,居间任务已完成,至于业务谈不妥,要求不达标是你们双方自己的事,我不能为你的产品质量打保票,也不能随意或千篇一律要求人家降低质量和标准而向你要货,我只给你做媒人,哪能包你生儿生女等一大堆理由。尽管几经周折,最后要回了千余元路费,但也无法收回中介费 9000 元,造成厂家花钱看了一场双簧戏,既亏了钱又亏气。

4. 无资格证书,有假配套。有的持有翻制假冒的或过期无效、歇业、倒闭的《营业执照》、《特殊行业许可证》等进行欺诈行骗。诈骗的标的目标根据厂家和消费者的心理需求特征而随机应变,一般抓住市场紧俏商品和滞销商品两个环节,正因为,一个是买不到或不易买吸引动人,一个是卖不了或不易卖迫使动心,一多一少,一有一无,一兴一哀成为欺诈者及易趁机上手的好兆头,只要你稍不留神就会给不法分子创造行欺空间和条件,他们所仿制的一些证件从表面上看似乎可以以假乱真,使人容易疏忽。

前几年,中国太平洋人才技术开发总公司郑州经贸处处长刘某,就带着自制无中生有的公司有关证件到龙游县一家企业签订了一份 11.8 万元的花茶购销合同,后经工商合同鉴证部门的审查,提出以手续不完备、证照经营范围与合同标的不符合等问题不予鉴证为由,并当场阻止了合同的履行。

时隔一月所谓的中国太平洋人才开发总公司驻郑州经贸处处长刘某,不甘心第一次骗局的失败,并再次来到龙游某茶厂,与供销科达成以一手交钱一手交货即时结清合同,合同规定供方将 11.8 万元花茶,货送到郑州交货验收后需方马上付清款项。供方认为反正是一手交钱,一手交货的货款二清合同,即使手续不完备和超越点经营范围也无关紧要,只要把这批滞销花茶销出去,而尽快地收回货款就达到目的了,从而就未办咨询和鉴证手续,这对一个企业来说在某种程度上也可以理解,供方按照合同规定,将货送到郑州验收后,需方交给供方 11.8 万元的银行支票。第二天供方为了慎重起见,把 11.8 万元的银行支票拿到银行去验证一下,但万万没想到,此张支票仅是一张假支票。供方经办人立即追回郑州办事处寻找刘某问个究竟,结果这家宾馆人员说:"昨天和你们联系业务的那批人,昨晚连夜连人带物全部搬走了,只是临时租住了两天两夜,仔细观察公司办公桌椅板凳全没了,已成宾馆房间,这时手持支票的经办人慌了神,马上向郑州及龙游双方的公安、工商部门报了案,事后供方的当地政府、公安、工商联合组成追案组赴郑州查处,在郑州公安的配合下,千方百计曲折迂回于广州、珠海、武汉、上海、杭州等地侦破案件，最后将诈骗犯刘某等四人抓获归案。

后经刘某交代，11.8万元的花茶已低价出售，所得钱款除了抵债基本花完、所剩无几。使供方企业不仅亏了花茶款，而且还雪上加霜增加了不少追案费用，带来了一系列的麻烦。后来得知中国太平洋人才技术开发总公司郑州经贸处该企业并不存在，所有证件纯属仿造虚构。经贸处处长刘某用多种手段和方式、多种假证、假件、配套的假发票，到其他企业和单位进行诈骗活动多次，并骗得巨额赃款赃物用于团伙消费。不过最终还是走上了多行不义必自毙的路，公安机关在刘某身上就收缴出12枚公章和许多假证件。像如此的案件在现实中常会出现，我们只有多预防、多咨询、多验证、多考查才能逐步减少。

5. 无真实效果，有意夸大诱人。有的行为人不仅口头说谎或利用书面合同欺诈，而且还利用广告公开夸大事实诱人上钩从中达到诈骗目的；有的新闻媒介也为了刊登广告、增加效益，审查把关不严，助推一些被宣传企业产品、商品的功效，例如神丹妙药、百病可除，有病治病、无病带补等无限夸大治病效果，从而经常出现一些违章违法广告；也有为了推销自己的商品不顾真实效果而常常把蚂蚁说成大虾、芝麻说成西瓜满街狂哄乱叫，以小说大、以少说多、胡言乱语逆向炒作；还有的明明是食品，只要经过某某名人一吹跃升变为补品和药品，严重扰乱食品行业法规；更为可笑的是有些美容美发的产品经营者，宣称只要你坚持使用某产品，今年48黑发变白发，只要做理疗明年转成28白头生黑发等等，在一定程度上夸大和颠倒了黑白分明的道理。

（二）欺诈合同面广，专业性强

1. 欺诈合同的牵涉面非常广，几乎渗透在经济发展的各个环节和角落。常常与经济发展同步同行。从哲学观点说，它是社会发展过程中不可避免地产生的各种负面产物，是普遍矛盾中的特殊表现，是事物发展的一般规律。正由于这些矛盾的存在，促使了社会预防能力的提高和进步。这里我想借助1995年6月1日《中国工商报》头版刊登的一篇题为《美国真的要婴儿尿布吗》的报道来引证说理，现摘登如下：

"美国要100万打，共计1200万条婴儿尿布，总加工金额是540万元人民币。你们接不接这活？"

从 1994 年冬天开始，有一位自称是美国一家什么公司的驻华代表的黄老板，在北方的一些生产大不景气的企业中到处奔走，鼓噪着这个"冬天的童话"，人们都觉得有些不可思议，没怎么把黄老板送上门来的"甜活儿"当回事，甚至根本就没有把黄老板当成正派人。

但也有人当回事了，河北省遵化市的一家乡镇企业正愁找不到活儿，"百余人怎么也得给几个过年的钱吧！再说了，人家各种手续又都齐全"，就这么着，这家乡镇企业与黄老板签了加工婴儿尿布的合同，并按照黄老板的要求付了一笔数额不小的质量保证金。

本来，我国有关法律规定定做方事先向承揽方付定金，从未有过质量保证金这么一说，这也就是说，遵守这家乡镇企业接下婴儿尿布的活儿，不是要付给黄老板什么保证金，而是黄老板应付定金，但这家乡镇企业的农民兄弟，没有想这么多，还觉得有 540 万元的加工费，怕什么？就这么一走眼，也就套上了，如果他们做出的婴儿尿布不合质量要求，那笔质量保证金，就要被黄老板依照合同合理地扣掉了。

果然当几位心灵手巧的姑娘、媳妇精心制作的样品送给黄老板过目时，不是被挑剔尺寸不准，就是针角不对，一次次返工，一次次挑毛病，到了 1995 年索性连黄老板的人影都找不着了，这时，这家乡镇企业的负责人才发觉大事不好，一头扑进工商局哭诉起来。

与此案件相类似的还有中央电视台《焦点访谈》节目中揭露的婴儿枕头和发生在北京市海淀区所谓的"鞋垫"加工等一大批案件，据记者调查，无论是"婴儿尿布"还是"鞋垫"，根本没有什么最终的大买主，别有用心的人与开工不足、生产不景气的企业签订所谓加工合同，其真实动机是要趁火打劫，利用这些企业"饥不择食"的窘状骗取以质量保证金为借口的钱财……

2. 欺诈合同专业性强。随着科技及法规的进化，欺诈的专业性也越来越强，其手段也越来越巧妙。顺心应势、花言巧语、优厚待遇、伪造证件、死猪不怕开水烫等欺诈行为趁机而入，这些都是欺诈人员的专利与特长，在一般情况下还很难识别，特别是一些初订合同的新手，容易被骗子的陷阱所迷惑不知不觉钻入圈套。如果及时去公证和鉴证的话，就多一道防护栏、多一些安全系数，因为骗子实在是太狡猾了令人防不胜防，这里我想摘登一篇

1996年10月17日《中国工商报》头版刊登的《合同欺诈"专业户"》一文，希望引以为戒。

9月25日下午，北京市工商局会议室内掌声雷动，陕西省咸阳市某集团销售公司当场领回了被骗的200架宽中高自动照相机，并向市工商局赠送锦旗以示感谢。与此同时，一家以合同欺诈为生的"专业户"也受到了严厉的处罚。"户主"王某所在的唐山市路南区对外经济贸易公司北京经销处被处以5万元罚款，责令退回所骗财物；王某的女儿，北京市能仁祥经贸有限公司法定代表人被责令退回200架照相机，公司营业执照也被吊销。王某还向北京市丰台区工商局做出了"永不再犯"的书面检查。至此，王某一家利用合同欺诈而发财致富的劣迹得以大白于天下。

欺诈水平堪称"专业"，王某一家利用合同欺诈的秘诀在于以表面的合法掩盖非法，即在合同中加入对方无法履行的条款，故意制造对方违约，然后以对方交付的一些货物为质，强行索要违约金和双倍返还定金，并借机解除合同。用他们自己的话来说这叫"规避法律"。

为了使自己的行为天衣无缝，平均文化水平不到高中的这家人，购买了大量的法律、经济类的书籍，广泛"研究"经济法知识，书上还留下了"钻研"后的各类符号。为了能学透有关知识，这家人瞄上了国家技术监督局，有时还有意打电话向其咨询，咨询内容大多是人们尚不明白的"质量认证体系"等。

为使欺诈得逞，这家人精心选择"猎物"。如只找来认证的厂家签合同，先是装出一副"诚意"主动付给定金，在签好合同时瞒天过海，模糊合同有关条款或使出"障眼法"趁双方大意"补上一条"。

让合同对方"明知不可为而为之"是这家人的看家本领。他们曾拿着质量认证体系证书对兰州王中食品总公司谎称是"出口证件"，对方上当后，他们立刻前恭后倨，向对方要挟，称如不按其要求办理就向人民法院起诉，并在新闻媒体上曝光。

这家人还真"艺高人胆大"，为了挽回所谓的"损失"，他们贼喊捉贼，几次起诉受骗的企业，1996年1月30日北京丰台区法院一审判王某胜诉，被告方不服上诉，二审维持原判；3月18日丰台区法院又在另一类案中判其胜诉，据了解北京仲裁委员会也有类似的裁定。

就这样，短短的一年时间里，王某一家人疯狂地签订了至少 30 份经济合同，涉及北京、广东、湖北、安徽等 13 个省市，合同总金额计 490 余万元，共骗取现金 5.08 万元及大量食品、服装首饰、验钞机等财物。利用这种"营生"，他们的公司一年内什么生意也没做成，但却利用骗来的财物添置大哥大、电脑、摩托车等物，全家近 10 人的生活也由此得到改善。

"多行不义必自毙"。正当王某家为屡屡得逞而自鸣得意时，北京市丰台工商局接到了举报，决定立案调查。

工商局的同志认为：单从一份合同来看，法院判其胜诉是没有问题，合同的严肃性应得到维护，不履约行为应受到处罚，然后"魔高一尺、道高一丈"办案人员从侧面进攻，迂回包抄，最终让王某在事实面前袒露了丑恶的心态。

国家工商总局公平交易局合同处有关人士认为，合同的受骗者有重大误解，而王某一家则有"主观上的恶意"，因而合同应无效。

就签订的 30 份合同来看，受骗者大多根本不懂质量认证体系证书、CE 认证等，或粗心疏忽而不明，就地签了合同。王某一家根本就无履约能力、无履约诚意，还谎称自己有进出口权等，其行为已明显违反了国家工商总局发布的《关于查处利用合同进行的违法行为的暂行规定》中"以合同欺诈行为骗取财物为主要收入"的规定。

据国家工商总局统计，我国每年产生合同约 10 亿份，其中书面合同仅占 30%，并且履约率已从几年前的 70%—80%，降到现在的 50%。正是像王某这样的欺诈行为肆虐，使企业普遍失去了安全感，宁愿退回到"一手交钱、一手交货"的原始交易方式，严重阻碍了社会经济的发展和进步。

然而，如何进一步制止、打击类似王某这一类"专业户"的违法行为？工商部门普遍感到办法不多，防范困难。有关人士呼吁，企业签订合同时千万要小心，一定要明确合同的内容，有关部门应加强合作，新闻媒介应对骗子曝光，使广大的经营者识破其欺诈伎俩，而无人与其签合同，用"市场之手"来封杀此类骗子。

针对这些欺诈合同除了提高警惕，多学法规增强敏锐力和洞察力，借助市场及媒体的力量外，还必须联手合同公证、鉴证的专业部门来增加一道预防关口，这不仅能为你增加安全感，而且还可以使你的合同更趋完整性、合理性、合法性。

（三）主体不合格、内容不合法、意思表示不真实是无效合同的特征

通过对经济合同的鉴证和公证，除帮助发现及打击阻止欺诈合同外，还可为你预防无效合同的发生。我们知道，在市场经济的发展和交往中，合同的形式和类别也逐渐增多，其内容和标的就更是五花八门，根据对公证和鉴证部门的调查发现，曾有不少的无效经济合同，通过公证和鉴证部门得到处理和调整，从而减少和避免了无效经济合同的发生。其实在我们现实的经济活动中，还有很大一部分经济合同未经公证和鉴证，虽然同样受法律的调整和保护有同等的法律效力，如果双方或多方都诚信地履行那也就一了百了，反之如果发生纠纷又调解不成，非得对簿公堂不可，那就有可能你的合同一不小心就会出现无效合同和无效条款的行为，其无效部分就不受法律的保护。

那么怎样来识别什么是无效合同呢？所谓无效经济合同是对有效合同而言的，是指合同虽然成立，但因其内容和形式违反法律、行政法规、社会公共利益，被确认为无效。无效合同的确定权归属于对经济合同有管辖权的人民法院。但在有效合同中也有部分会产生无效条款的行为。比如说在日常的合同条款中，如有下列免责条款的属无效，一是造成对方人身伤害的；二是故意或重大过失造成对方财产损失的；还有如提供格式条款一方免除责任，加重对方责任排除对方主要权利的条款无效。产生无效合同主要是主体不合格、内容不合法、意思表示不真实三个原因。以上对无效合同的定义是出于概念性的表述，下面我想举个单项的房屋买卖合同无效的几种情形进行解剖分析，从而进一步融会贯通加深理解，便于日后实地操作参考。

刘德生老师在1997年11月20日《检察日报》刊登了《房屋买卖合同无效的几种情形》，文章摘要如下。

房屋买卖，是指房屋所有权人将房屋所有权转让给房屋买受人，而买受人为此支付相应价款的行为。买卖房屋必须签订房屋买卖合同。实践中房屋买卖纠纷时有发生，房屋买卖纠纷涉及产权、价款、原承租户的利益等多种问题，但都离不开买卖合同的有效性问题。那么，究竟哪些房屋买卖合同属无效合同呢？归纳起来主要有以下七种：

1. 房产、地产分别转让，合同无效。房屋是建在土地上的，为土地的附

着物，具有不可分离性，因为房屋所有权通过买卖而转让时，该房屋占用范围内的土地，土地使用权也必须同时转让。如果卖方将房产和土地分别转让于不同的当事人或者出卖房屋时只转让房屋所有权，而不同时转让土地使用权，买方可以提出这种买卖合同无效。

2. 未办理登记过户手续，合同无效。房屋买卖合同的标的物所有权的转让以买卖双方到房屋所在地的房管部门登记过户为标志。否则，房屋买卖合同不能生效，也就不能发生房屋所有权转移的法律效果。即使房屋已实际交付也属无效，故只要房屋没有正式办理登记过户手续，即使卖方已收取了房价款，并将房屋交付买方使用，当事人仍可提出合同无效的主张。

3. 产权主体有问题，合同无效。出卖房屋的主体必须是该房屋的所有权人。非所有权人出卖他人房屋的，其买卖行为无效。房屋的产权为数人共有的，必须征得共有人同意才能出卖，出卖共有房屋时须提交共有人同意和证明书。

4. 侵犯优先购买权，合同无效。房屋所有权人出卖出租房屋时，在同等条款下，共有人有优先购买权，房屋所有人出卖出租房屋时，须提前3个月通知承租人，在同等条件下承租人有优先购买权。房屋所有人出卖房屋时侵犯共有人、承担人优先购买权时，共有人、承担人可以请求法院宣告该房屋买卖合同无效。

5. 单位违反规定购房，合同无效。机关、团体、部队、企业事业单位不得购买或变相购买城市私有房屋。如因特殊需要必须购买，须经县以上人民政府批准。单位违反规定，购买私房的，该买卖关系无效。

6. 买卖中存在欺诈行为，显失公平，合同无效……

7. 非法转让，合同无效。根据《城市房地产管理法》的规定，下列房地产不得转让。

（1）以出让方式取得土地使用权的，不符合转让房地产条件的；

（2）司法机关和行政机关依法裁定、决定查封或者以其他形式限制房地产权利的；

（3）依法收回土地使用权的；

（4）共有房地产未经其他共有人书面同意的；

（5）权属有争议的；

(6) 未依法登记领取权属证书的；

(7) 法律、行政法规定禁止转让的其他情形。

总之，为保证房屋买卖行为的正常、有序进行，维护健康的房屋买卖关系，在签订房屋买卖合同时，应注意有关法律规定，特别是上述七种情形更需引起重视，只有签订有效的买卖合同，房屋买卖才能达到顺利转让房屋的目的。

针对刘德生老师所归纳的几种房屋买卖中的无效合同，也是非常有道理，但这仅仅是指房屋买卖中的无效合同情况，还有其众多的经济合同，需根据合同的标的、形式的不同，会产生不同的无效因素，在面对合同有效还是无效的难以识辨之时，你只有多向有专业知识的老师和行家进行咨询，或者直接双方或是多方到公证和鉴证部门进行对经济合同的公证或鉴证，这样才会减少和避免无效经济合同的发生。

（四）合同经公证、鉴证维护合同平等性，避免霸王条款

通过对公证和鉴证部门的许多合同档案调查，公证和鉴证部门为维护合同的双方及多方权利义务的平等性，确实起到了很大的作用，许多合同在条款中就存在一些不平等的所谓霸王条款，特别容易出现或表现较为突出的有：某些中小型加工作坊或厂家与中、大规模超市经销商签订的商品进超市的经销或代销合同、房地产合同、金融借贷合同、保险合同、通讯网络合同、旅游服务合同、供电、供水、供气等一些公用企业合同，就最容易出现不平等的霸王条款，有的通过公证、鉴证部门进行修复调整，有的到了公证、鉴证合同时提到解决不平等条款后就干脆双方提前解除终止合同，以免引起往后的纠纷难以解决，这些不平等条款产生的原因多数为要约方以首先行文提出，承诺方无时间无机会当场审查或审查时不够仔细，随手签约，也有的承诺方无法变更霸王条款，只有被动地服从。也有承诺方无限制盲目提出一些不平等的霸王要约，还有许多预制好的格式合同同样隐藏着一些显失公平的霸王条款和行为。这里我想举四方面的例子来进一步说明。

第一，从经营、服务领域里看霸王条款的表现。

2004年8月6日《经济晚报》第五版刊登的《中消协炮轰金融领域六大霸王条款》一文，摘录如下。

中消协公布了金融领域中存在的不平等格式条款的点评意见，这是继

2003年点评电信、邮政、商品户、汽车等行业霸王条款后，2004年公开点评的第一个项目。

（1）电话挂失不担责，生效时间往后拖。一些银行规定，对于电话挂失只协助防范，不承担任何责任，而且受理书面挂失后24小时内的经济损失也由消费者自负。

点评：电话挂失和书面挂失在本质上都是当事人要求挂失的明确意思表示。因此只要银行接到挂失请求，就有立即止付、确保消费者财产安全的义务。

（2）不可抗力随意用，混淆概念欲免责。一些银行在办卡时对消费者承诺，一卡在手全国通兑，但消费者持卡到外地取款取不出钱来，银行却称用卡协议中有规定"对因设备、供电、通讯或者自然灾害等不可抗力因素或持卡人操作失误造成储蓄交易不成功，银行不承担任何经济和法律责任"。

点评：因设备故障造成的储蓄卡交易不成功，应由银行承担违约责任，将其列为不可抗力是银行偷换概念，其实质是想为自己负责。

（3）章程规定单方改，强迫对方受约束。一位消费者办理借记卡时，发现该银行制定的《借记卡使用规定》指出，"本规定一经修改无须事先通知持卡人，亦即生效"，而《借记卡章程》也提出"修改时无论持卡人是否知悉，均具约束力"。

点评：首先按照《合同法》的有关规定，合同订立后，非经当事人协商一致，任何一方无权擅自变更合同。其次《消费者权益保护法》规定，持卡人作为消费者，有权利知道所接受服务的真实内容。第三，银行卡格式条款的修改除了因国家有关法律法规或金融管理规章有新的强制性规定之外，其他新章程若持卡人不接受，银行无权强迫其接受。

（4）柜员机记录不算数，存款数额银行定。一些消费者反映柜员机一次存款数额限制不明示，有吞卡和卷钱的现象，而且有银行规定，"持卡人在自动柜员机上存入现金，以本行点核数为准入账"。

点评：造成柜员机收账记录与银行人员点核数额不符合的原因很多，一旦发生异议，消费者有权要求银行重新审核。如银行不尽审核义务，造成消费者财产损失的，应承担相应民事责任。

（5）银行强定保险人，指定律师你埋单。目前，大多数商业银行在办理个人购房抵押贷款时,要求借款购买房屋保险,但限定必须向银行指定的保险公司投保,而且要求借款人到其指定的律师事务所审查贷款资信情况。

点评:消费者有权选择是否接受律师服务,银行强行指定保险公司和律师事务所是一种捆绑销售的不正当竞争行为。

(6)抵押贷款购房屋,金额保险才放款。消费者反映在办理个人住房贷款时,有贷款银行称,消费者必须对整个房屋(按房款算)全额保险,并将保单交给银行,才能获得所需贷款。

点评:考虑到房屋价值有可能随市场波动,银行可以规定投保额度略高于贷款额度,但不能强制要求"借款人对房屋全额投保"。

在现实中,银行的借贷合同中,也并非就是以上6个方面,这仅仅是简单地举了一些已出现的霸王条款中的一部分。

第二,从装修工程中看霸王条款的表现。

2011年10月21日《中国剪报》第6版,刊登了一篇题为《装饰装修行业的"霸王条款"》的文章,文章有说理的独到之处。现摘录供参阅。

(1)免除对商品或服务的保证责任。霸王条款:装修工程自验收合格,双方签字之日起保修期为一年;凡不是本公司采购的材料,不负责保修与环保质量保证。

工商点评:据相关规定,住宅室内装修工程最低保修期为两年,有防水要求的厨房、卫生间和外墙面的防渗漏五年。同时,根据《消费者权益保护法》第九条规定,消费者有选择装饰材料的权利。装修企业的这种强制搭售行为违反该法规定。

(2)设定消费者承担的违约金数额。霸王条款:签单后如因甲方(消费者)原因发生退单,装修公司收取其工程款的20%作为违约金。

工商点评:从目前装修行业的利润状况看,20%的违约金有可能超过了合同利润。这无形加重了消费者负担,对消费者不公平。

(3)设定消费者承担经营风险责任。霸王条款:凡私自与施工人员商定要更改施工内容引起的一切后果,均由消费者自负;非因装修企业原因造成的停水、停电、停气影响导致停工8小时以上工期相应顺延,造成的误工、损失费由消费者承担。

工商点评:施工人员代表施工方的利益,其与消费者商定,也就代表施工方同意了变更方案，由此引起的后果应由施工方负责，不应由消费者负担。非消费者自身原因而是由于政策、意外事件等不可抗力因素造成的停水、停电、停气不能一概而论，这是将企业遇到不可抗力的经营风险转嫁到消费者身上。

（4）排除消费者变更解除合同的权利。霸王条款：甲方（消费者）在项目施工前可以删减项目，但不得超过20%，项目开工后不得删减；工程减项不能超过合同总造价的30%。

工商点评：《合同法》规定，经双方协商一致，可以变更合同。住建委《住宅室内装饰装修管理办法》也规定，住宅装饰装修合同应当包括合同变更的条件。装饰公司以格式合同的形式，使用固定文字不给消费者商量的机会，限制和排除了消费者变更合同的权利，侵害了消费者的合法权益。

（5）排除消费者依法应享有的其他权利。霸王条款：甲方（消费者）无正当理由，不参加工程验收或到期未提出异议视为同意，并在三日内结清余款，如消费者在竣工验收合格后三日内未向乙方付清全部余款，则视为消费者放弃保修权利。

工商点评：工程竣工后应由消费者按照合同约定进行验收，而不是由装修企业组织验收。同时，不结清工程款属合同违约，是另一种法律关系，装修企业可通过协商或司法等途径来解决，不能以此为条件不尽保修义务，排除消费者应当享有的保修权利。

第三，从其他领域看霸王条款的行为表现。

接下来我们再看看中消协在2006年2月7日，曾公布过20条征集得来的不平等格式条款，现摘抄如下供参考。

（1）赠品打折：赠品、奖品不予"三包"；打折商品不退。

（2）药品、珠宝一经售出，概不退换。

（3）家用电器退换货时，商品主装、外观必须完好，附件必须齐全，否则不予"三包"。

（4）商场儿童乐园：儿童在此游玩发生事故，本商场概不负责。

（5）超市存包：超市不负责保管失窃及赔偿责任。

（6）种子包装：从认购之日起15天内请试芽若出现芽率不够，可到所购处协调解决，过期视为合格产品。

（7）种子包装：因种子本身具有复杂之遗传因子，故播种后结果恕不负种子价以上责任。

（8）某移动电话入网协议：乙方（消费者）移动电话被他人非法并机或被盗用而给对方造成的经济损失，甲方不负任何责任。

（9）默认业务：用户如果不使用以上业务必须在某年某月某日前到通讯公司或拨打电话取消相关业务，否则视用户默认同意使用。

（10）某银行注销卡申请：（消费者）同意自递交申请之日起45天内继续承担被注销卡产生的风险损失。

（11）银行公告：用户必须统一办理银行卡，不允许用现金缴费，不办理卡者就不给代收水电费。

（12）保险规定：购买车辆第三责任险，必须购买车辆损失险、玻璃附加险，否则不予以办理。

（13）某保险公司投保人在申请投保时，应按被保险（个人意外伤害保险）规定：人的周岁年龄填写若发生错误，则补费计息，退费无息。

（14）某《商品房买卖合同》若乙方（开发商）在下达交付期限规定：20天后仍未交房，每拖延一天按万分之二（每天30元）罚款给甲方（企主）。甲方按合同规定延时缴款的超过按每天每套200元付给乙方，如甲方没有履行约定，中途退房，乙方有权扣除所缴房款的50%。

（15）某商品房买卖合同规定：该商品房所在楼宇的屋面使用权不属于买受人，该商品房所在楼宇的外墙面使用权不属于买受人。买卖双方同意屋顶和外墙面广告权、会所、休闲、娱乐设施及其他卖方投资建造的经营性房产和设施权益属于出卖方。

（16）某物业公司在停车场停放自行车，每月每户XX元，物业管理规定：摩托车XX元、轿车XX元。车辆损坏或损失及车内物品损失或损坏均由车主自己承担责任。

（17）某自来水公司收费规定：自来水公司按最低用水量实行低度收费，用户每月最低用水量为6吨，不足6吨按6吨收取水费。

（18）照相馆声明：如遇意外损坏或遗失，只赔偿同类、同量胶卷，不负担其他责任。

（19）洗衣店规定：衣物洗绦毁坏，赔偿额不超过洗涤费的10倍。

（20）美容院告示：因已投保，如需要索赔须向保险公司要求赔偿。

第四，从合同单方违约，看合同不履行而出现霸气行为的几种表现形式。其主要表现以农村基层和地方经济组织为主。

霸气履约行为来自合同履约的过程中。从单方违约霸气履行的合同纠纷特点分析。案源：表现比较突出的主要集中在县、乡（镇）、村的一些经济主体及农户，他（她）们在农业、林业、乡镇企业的改制之初，相当一部分成为合同承包方和发包方的甲、乙双方或多方的主体。时间特点：根据农业、林业、土地、房产等资源的生长及生产状况，合同履行的有效及期限相对较长。合同标的：多数为大田、竹木山林、果林、茶园、农牧场、菜场、砂场、山塘水库、渔场、苗圃、农副产品加工企业、其他工业企业。合同订立现状：因当时有部分因缺乏经验、合同条款考虑得不够周全和完整，还有的也因文化及合同知识浅薄的影响，所以有的合同写得比较粗糙。正由于期限长、变化大，合同条款简单等主客观原因，从而出现一些单方违约霸气履行现象。

那么他（她）们到底怎样来单方违约实现霸气履行的呢？今天在这里也附带地简析一下，以便我们在开始订立合同时就筑好我们的防火墙，提出预防和警惕类的条款，这是一种防人之心不可无的好举措，也就是说用前人之灾、避后人之祸的前车之鉴。而且这些都是真真切切来源于社会现实的记录和缩影。现就从普遍存在的四种单方违约霸气履行的现象说起。

（1）是眼红病所致。在农村特别是山区里有的经济承包合同一旦承包方有盈利或有较好盈利时，发包方就千方百计在中途提出完善或终止承包合同。这类合同纠纷表现较多的是，农村农业承包合同和山区林业承包合同。因为承包初期，竹木、林地、植被基础较差，价值很低，承包者经过数年的精心投入与管理面貌变化大，经济效益明显改观，从而容易引起发包方中途提出种种理由毁约，造成有的强行收回承包权；有的无限上升承包费；有的用蛮不讲理上山盗伐的霸气手段来达到提前终止合同的目的；有的说理不成出手斗殴；有的用威吓和威逼的手段促使承包者退包或完善合同条款；也有的拼命钻原合同的空子，然后通过证人、组织、法律的途径和方法中途收回承包权。出现各种不同形式单方不履行合同的纠纷。

（2）以权代法单方不履约。在乡（镇）、村的政府和组织机构中，有的因村、乡（镇）班子或主要领导的改选、调动或轮换，产生后任不履行前任签订的合同，单方提出终止。此类合同纠纷主要表现在农村田、林、茶、果园等承包期较长的经济林。究其原因：一是领导发展思路不同，张书记手上种下的柑橘，李书记调来认为柑橘效益差干脆挖柑橘种板栗，王书记上任后又来个挖掉板栗林平地造田搞项目争取资金来得快，而非得提前终止原合同不可。二是早年由乡（镇）企业办公室、集体农场、畜牧场向外发包时间较长的农、林、企承包合同，后又因企办和农牧场的解体和乡（镇）村的拆并，造成某些乡、村领导和部分村民提出要提前终止承包合同重新投标发包。从而侵害承包人的合法权益。

（3）市场物价变化大要求提前终止合同。①针对一些季节性强，储存难度大，特别是有的鲜活农副产品购销合同，因市场供求关系变化大，也极易引起合同双方在履行中提出变更、协商、完善或提前终止合同的履行。②有的也确因缺乏市场调查草率签订承包基数过高或过低产生一些明显的不合理现象，从而要求提前终止合同履行。③也有的因政策性因素造成价格上下浮动大，产生许多合同主体提出单方要求终止履行，例如自从中央对房地产市场调控措施政策一出台，就有房主要求房地产商退房或退钱。有的房产商也想趁市场价格、贷款额度变化和销售量等原因而变更合同内容。④还有某些企业因面临竞争淘汰、歇业、转行等多种因素而对原先签订的一些原料及产品的购销合同难以履行故单方提出终止。

（4）以大欺小以强欺弱单方终止。一些规模相对较大、经济实力较强的企业和单位与基层个体户或自然人签约，往往容易产生以上欺下、以强欺弱、财大气粗的霸王条款和单方违约的行为。这些行为常在金融业、商场、超市和企事业单位中出现。

例如2011年7月21日，浙江衢州某县有家银行为把下属某支行转移地址，县支行行长毛某（化姓）指派经办人到某镇租用了五间营业房和两间办公用房，并签订了非承租不可的五年租期的意向合同，并提出要求房主做好老租户的转移工作，因银行方想尽快进入房屋装修工程，争取早日营业开张，房主在与银行方签了意向合同后，也抱着与银行大企业签约更清爽、更安全可靠、租期更长、更便于房产管理、租金也更实惠的心理，设法将老承租户做好合同到期的清退和转移，在房主将房屋清空后，房主就多次催银行方来签订正式租赁合同和交房租,可银行方总说上级银行没审批下来再等一段时间,直到 2012 年 3 月中旬,县支行行长毛某开口提出说"因上级银行只同意承租营业房不同意租办公用房,要对办公用房的意向合同收回并终止执行,反正这是意向合同又不是正式合同,今天我能承担已租未用、空着的 4 个月房租,同时再适当贴补 1 个月房租再终止合同,已经很不错了,其余的我们就一概不管,由房主自行安排……"

当出租方听了毛某行长的一番话后,也马上提出"要按《合同法》办事,若能维护原合同那各自遵守自己的签约与承若,若要非得终止租赁合同,那也得承担相应的法定违约金或达成双方协商一致的终止协议也行。"后来银行方针对房主的要求采取长时间不问不理拖而不决,既不赔礼又不付已租未解除的租金。纠纷拖到数月后,房主眼看银行方再租的可能性很小,想方设法另找了租户,谁知就在找好新的租户时,银行方又提出说"上级经过再三考虑同意再租用房屋,若不继续维持合同就不承担任何违约责任等等"。

你看人家银行时起时伏的要约态度可真"牛",甚至连个依法说理的机会也不给,还把意向合同说成不是合同,其言下之意就是认为意向合同没有法律约束力,可随心所欲签。这种离开意向合同中有定向的承诺条款,离开要求对对方需花费资金和精力才能达到的意向标准和条件,离开意向合同实施后在其过程中所产生的一些因果关系的事实依据,离开那白纸黑字有关双方同意意向合同标的并盖有大红公章的签字合同,离开法律规定而单方信口开河地想终止就终止,这不是赤裸裸地演绎了一场以大欺小、以上欺下、以强欺弱、以权代法的单方终止合同纠纷吗?像这种单方用权力、势力、霸气等行为迫使另一方被动终止合同的现象在农村时常可见,特别是一些技术性较强、业务性专一或垄断性企业就极易发生这种霸气履行合同的行为,这都是我们在日常签约中须预防的。

在我们平常所接触的一些合同中,霸王条款可说是屡见不鲜,今天避免了明天又出现在不同的合同类型中,有不同的表现形式,这里列举的一些例子,仅仅只起个别参考的作用,而真正要避免和克服这种霸王条款,还得你在实践中去认真地摸索、观察、分析、辨别,同时将一些把握不准的合同,多向专业机购专业人员进行咨询或进行公证和鉴证,这样会使不平等的霸王条款逐渐减少，并逐步走向公正、公平和完善。

三、合同公证或鉴证的责任承担。因为经济合同经过公证或鉴证，不仅提高了合同合情、合理、合法的程度，提高了合同双方的约束率、履约率，提高了合同双方的互信度，而且还有一个特殊的作用，那就是对办理公证或鉴证的专业部门有一项责任承担的职责，也就是说，只要你合同一经公证或鉴证，其公证或鉴证部门就自然承担了一定的法律责任。如果合同的公证或鉴证当事人玩忽职守造成错误或有重大失误、或隐瞒某些事实真相、或故意诱导合同中的双方或一方当事人，造成重大的经济损失，那公证或鉴证部门同样可负刑事和相关的民事赔偿责任（国家有特殊规定除外）。

（一）公证或鉴证具有法律属性

从公证和鉴证办理的专业机关和人员构成看，它就是具有国家和社会公职性质的公职人员。既有履行法律赋予的权利也承担着为社会提供法律服务的重要职能，故对承办公证和鉴证人员的业务素质要求也相对较高，法律知识的专业性强，经历的业务多而广，经验相对丰富，教训也更为深刻，所以说请他（她）们来把脉公证或鉴征绝对有好处，同时他（她）们的工作不仅是单一的履行一个形式和过程，而且也无形地参与你合同履行过程中的法律责任。除了督促双方或多方履行的责任外，还要承担公证、鉴证的法律责任。

（二）公证、鉴证者的法律责任承担

我们知道公证、鉴证者是一种国家社会的专业公务履行行为，不是虚设的形式机构，它对自己已办理过的公证鉴证的合同，不仅只是监督管理的责任问题，而且负有重大的追究和赔偿法律责任。这里有一个很说明问题的典型案例，只要你看了就明白这个道理。2010年9月8日《中国剪报》第8版刊登了一篇题为《老夫妇告赢公证处获赔120万》的文章，就清清楚楚地说明了公证或鉴证部门对自己公证或鉴证过的合同负有的法律责任，现全文摘录如下。

杨大妈与老伴张大爷是年迈六旬的退休老人育有一子小张，儿子小张没有正当职业，整天游手好闲，喜欢赌博。

2009年11月的一天，儿子突然从保定打电话给杨大妈，表示已经把二老的房子卖了。过几天就会有人来收房子。"房产证在老伴手里，我们当然不相信了"。杨大妈说。

"可就在一个星期之后,一位姓尹的年轻人带着20多人出现在二老面前,拿着房屋的新房产证通知二老,他已经买下该处房屋,二老必须立即搬出房屋,当时他们又砸又骂,我俩身体不好怕出事,第二天就搬了出来"。杨大妈说。

经过打听,原来是在当年8月,小儿子小张欠了40余万元赌债,就偷走了房产证、二老的身份证及户口簿,请了一对"山寨"父母到北京方圆公证处办理了房产委托出售公证。拿着公证书,小张便以36万元的低价将二老的房子卖给了一个姓许的中年男子,之后这位许姓男子又以40余万元将房产转手卖给了那位尹姓青年。

2010年年初,二老将儿子小张和公证处告上了北京东城法院,要求按房屋的市值进行赔偿,而此时房屋已经被尹姓青年作价95万元卖给了他人。

"我们家三代人都住在这套房子里都几十年了,现在却只能到外面租房子,儿子也躲了起来至今没露面,我们只能指望法院了"。杨大妈说起房子的事十分伤心。

法院经审理后认为,经过相关司法鉴定,张大爷和杨大妈并未在《公证申请表》原件背面申请人签名部位及委托书中的委托人落款处签字,而公证处在向小张出具委托公证书的审查办理阶段存在着重大过错,与二老所有房屋被出售有直接关系,造成了重大经济损失。最终法院判决方圆公证处赔偿张大爷和杨大妈人民币120余万元。

可见公证或鉴证部门,只要介入了公证、鉴证的业务,其就要承担法律规定范围内的法律责任。从而也促使其对合同审查的严格把关,只要你将你认为自己把握不准的经济合同,通过合法的专业部门进行公证或鉴证,自然也就提高了合同履约率和可信度。

结束语

啰啰唆唆一大堆，叨叨唠唠婆妈言；写的虽不是经典，可它真实可信；讲的虽不是纵深理论，可它通俗易懂；评的虽不是名言警句，可它公平合理；举的虽不是大宗案例，可它有代表性；聊的虽不是惊天动地的大事，可它是百姓身边的事；签订的合同虽不是一个模式，可它有一样的道理；立的虽不是一种行规，可它千变不离其中……

总览本书四章十七节，主线围绕严把经济合同订立时的主体要件、实质要件、形式要件、风险防范四大重要环节和关口而展开。如果这四关都认真地把好了，那么你的签约技巧与风险防范的整体水平也就提高了一大步，不论是老关系户也好，还是陌生的新签合同客户也罢，都能有一个胸有成竹的应对能力，书中运用的大量实际案例，也都是前人用真金白银换来的经验和教训，望能对您有所启发，并能唤醒我们后来者对签订经济合同的敏锐警觉，提高对欺诈合同的识别和防范，尽量减少和避免经济合同纠纷的发生。提高经济合同的履约力，确立人们诚信守约、依法经营的理念，以一份合法、真实、有效、清爽、完整的合同助您经营一路顺风。

以上通过四个环节的论述，将订立合同的立意、基本条件、前置条件、了解途径、审查方法、内容规范、履行方式、确立原则、衡量标准、严格要求、平等的权利与义务、违约的责任与后果都不同程度地渗透在各个章节内。至于合同内容和形式的变化不是绝对的，不同时空会有不同的变化，不同的地点和主体会有不同的情况出现，不同的要约会有不同的承诺，不可能面面俱到一一谈及，只有根据事物发展的一般规律针对较为普遍的问题作些分析，引以为戒、融会贯通。从特殊中寻找普遍性则是本书的基本出发点，从实践中摸索真理以实论理、以案说法是本书的立意。

亲爱的读者朋友，谢谢您阅读本书，最后以《合同颂歌》简诗一首送给您：

合同颂歌

古今中外一个样，
白纸黑字定江山。
商海游离作规矩，
认真应对不能忘。
昨天今天与明天，
人人会遇签约谈。
良心道德与法律，
公平合理记心上。

附录　合同示范文本和参考文本

　　为方便你更准确完整有序地签约，根据《中华人民共和国合同法》的有关规定，对部分常用性、常规性合同例出一些有参考性的条款和用词，供大家作参照，但也不能照搬照套，一定要联系你当时当地的实际情况，视合同标的物的变化而作出在条款上调整、补充、完善，不断地将合同条款与内容达到双方或多方公平、合理、合法和平等自愿的目的。为此根据国家工商行政管理局市场规范管理司主编的《中国最新合同范本》一书，摘录了有关20个不同类别和内容的合同示范文本、参考文本，作为参考式样，具体附后。

（一）工业品买卖合同

（示范文本）

出卖人：＿＿＿＿＿＿＿　　　　　　　　　　合同编号：＿＿＿＿＿＿

买受人：＿＿＿＿＿＿＿　　　　　　　　　　签订地点：＿＿＿＿＿＿

　　　　　　　　　　　　　　　　　　　　　签订时间：＿年＿月＿日

第一条　标的、数量、价款及交（提）货时间标的

标的名称	牌号商标	规格型号	生产厂家	计量单位	数量	单价	金额	交（提）货时间及数量
合计人民币金额（大写）：								

（注：空格如不够用，可以另接）

第二条　质量标准：＿＿＿＿＿＿＿＿＿＿＿＿＿＿＿＿＿＿＿＿＿＿＿

第三条　出卖人对质量负责的条件及期限：＿＿＿＿＿＿＿＿＿＿＿＿＿

第四条　包装标准、包装物的供应与回收：＿＿＿＿＿＿＿＿＿＿＿＿＿

第五条　随机的必备品、配件、工具数量及供应办法：＿＿＿＿＿＿＿

第六条　合理损耗标准及计算方法：＿＿＿＿＿＿＿＿＿＿＿＿＿＿＿

第七条　标的物所有权自＿＿＿＿＿＿时起转移，但买受人未履行支付价款义务的，标的物属于＿＿＿＿＿＿所有。

第八条　交（提）货方式、地点：＿＿＿＿＿＿＿＿＿＿＿＿＿＿＿＿

第九条　运输方式及到达站（港）和费用负担：＿＿＿＿＿＿＿＿＿＿

第十条　检验标准、方法、地点及期限：＿＿＿＿＿＿＿＿＿＿＿＿＿

第十一条　成套设备的安装与调试：＿＿＿＿＿＿＿＿＿＿＿＿＿＿＿

第十二条　结算方式、时间及地点：＿＿＿＿＿＿＿＿＿＿＿＿＿＿＿

第十三条　担保方式（也可另立担保合同）：_____
第十四条　本合同解除的条件：_____
第十五条　违约责任：_____
第十六条　合同争议的解决方式：本合同在履行过程中发生的争议，由双方当事人协商解决；也可由当地工商行政管理部门调解，协商或调解不成的，按下列第_____种方式解决；

（一）提交_____仲裁委员会仲裁；

（二）依法向人民法院起诉。

第十七条　本合同自_____起生效。

第十八条　其他约定事项：_____

出卖人	买受人	鉴（公）证意见：
出卖人（章）：	买受人（章）：	
住所：	住所：	
法定代表人：	法定代表人：	
委托代理人：	委托代理人：	
电话：	电话：	
传真：	传真：	
E-mail：	E-mail：	鉴（公）证机关（章）
开户银行：	开户银行：	经手人：
账号：	账号：	
邮政编码：	邮政编码：	年　月　日

（二）汽车买卖合同

（参考文本）

合同编号：_____

出卖人：_____ 签订地点：_____

买受人：_____ 签订时间：__年__月__日

一、汽车型号及金额：汽车

汽车品牌	型号	发动机号	合格证号	车架号	海关单号	商检单号	颜色	价格	备注

二、交车方式：

交车地点：_____ 交车时间：_____

付款方式：_____ 付款时间：_____

三、质量维修：

1. 出卖人向买受人出售的汽车，其质量必须符合国家颁布的汽车质量标准。

2. 出卖人向买受人出售的汽车，必须是在《全国汽车、民用改装车和摩托车生产企业及产品目录》上备案的产品或经过交通管理部门认可的汽车。

3. 出卖人向买受人出售汽车时要真实、准确介绍所销售车辆的基本情况。

4. 出卖人在买受人购买车辆时必须向买受人提供：（1）销售发票；（2）（国产车）车辆合格证、（进口车）海关进口证明和商品检验单；（3）保修卡或保修手册；（4）说明书；（5）随车工具及备胎（以上3、4、5项如没有，售前应说明）。

5. 买受人在购车时应认真检查出卖人所提供的车辆证件、手续是否齐全。

6. 买受人在购车时应对所购车辆的功能及外观进行认真检查、确认。

7. 汽车在购买后，如发现属于生产厂家的质量问题，可由出卖人协助买受人与生产厂家的维修站联系、解决。

8. 如属于在汽车售出前流通过程中出现的质量问题，出卖人未向买受人明示的，依法承担责任。

9. 如买受人使用、保管或保养不当造成的问题，由买受人自行负责。

四、违约责任（双方协商）。

五、合同争议的解决方式：

因本合同引起的或与本合同有关的任何争议，由双方当事人协商解决；也可向有关部门申请调解；协商或调解不成的，按下列_____种方式解决。

1. 提交_____仲裁委员会仲裁。

2. 依法向人民法院起诉。

六、本合同一式三份，双方各执一份，汽车交易市场主办单位留存一份（市场留存期一年）。

七、本合同经买卖双方签字盖章后生效。

买受人	出卖人
买受人姓名（签字盖章）： 地址： 电话： 传真： E-mail： 法定代表人： 委托代理人： 银行账号：	出卖人名称（签字盖章）： 法定代表人（签字）： 委托代理人： 地址： 电话： 传真： E-mail： 银行账号：

（三）煤炭买卖合同

（示范文本）

合同编号：_____

出卖人：_____　　　　　　　　　　签订地点：_____
买受人：_____　　　　　　　　　　签订时间：__年__月__日

一、收货人名称、发到站、品牌规格、质量、交（提）货时间、数量

收货人姓名	发站	到站	品种规格	质量	交（提）货时间、数量（吨）													
					全年合计	一季度			二季度			三季度			四季度		
						1	2	3	1	2	3	1	2	3	1	2	3

二、交（提）货方式：_____

三、质量和数量验收标准及办法：_____

四、煤炭单价及执行期：_____

五、货款、运费结算方式及结算期限：_____

六、违约责任：_____

七、解决合同争议的方式：_____

八、其他约定事项：_____

出卖人	买受人	鉴（公）证意见：
出卖人名称（章）： 住所： 法定代表人（签字）： 委托代理人（签字）： 电话： 传真： E-mail： 银行账号： 纳税人登记号： 邮编：	买受人名称（章）： 住所： 法定代表人（签字）： 委托代理人（签字）： 电话： 传真： E-mail： 银行账号： 纳税人登记号： 邮编：	鉴（公）证机关（章） 经办人： 　　年　月　日 （注：除国家另有规定外，鉴（公）证实行自愿原则）

（四）农副产品买卖合同

（示范文本）

合同编号：_____

出卖人：_____ 签订地点：_____

买受人：_____ 签订时间：__年__月__日

第一条 标的、数量、价格及交（提）货时间

标的名称	品种	产地	商标	计量单位	数量	单价	金额	交（提）货时间及数量			
								合计			

合计人民币金额（大写）：

（注：空格如不够用，可以另接）

第二条 质量标准：_____

第三条 包装标准、包装物的供应和回收及费用负担：_____

第四条 合理损耗标准及计算方法：_____

第五条 标的物的所有权自_____时起转移，但买受人未履行支付价款义务的，标的物所有权属于_____所有

第六条 交（提）货方式及地点：_____

第七条 运输方式及到达站（港）及运输费用负担：_____

第八条 检验标准、方法、地点及期限：_____

第九条 检疫单位、方法、地点、标准及费用负担：_____

第十条 结算方式、时间及地点：_____

第十一条　担保方式（也可另立担保合同）：_____

第十二条　本合同解除的条件：_____

第十三条　违约责任：_____

第十四条　合同争议的解决方式：本合同在履行过程中发生的争议，由双方当事人友好协商解决；也可由当地工商行政管理部门调解；协商或调解不成的，按下列第_____方式解决。

（一）提交_____仲裁委员会仲裁；

（二）依法向人民法院起诉。

第十五条　本合同一式两份，甲乙双方各执一份，自_____生效。

第十六条　其他约定事项：_____

出卖人	买受人	鉴（公）证意见：
出卖人（签字、章）：	买受人（签字、章）：	
住所：	住所：	
法定代表人（签字）：	法定代表人（签字）：	
委托代理人（签字）：	委托代理人（签字）：	
电话：	电话：	
传真：	传真：	
E-mail：	E-mail：	鉴（公）证机关（章）
开户银行：	开户银行：	经办人：
账号：	账号：	
法定代表人身份证号：	法定代表人身份证号：	年　月　日

（五）粮食买卖合同

（示范文本）

合同编号：_____

出卖人：_____　　　　　　　　签订地点：_____
买受人：_____　　　　　　　　签订时间：__年__月__日

第一条　粮食品种、数量、价款、交（提）货时间

品种	产地	商标或品牌	等级	计量单位	数量	单价	金额	交（提）货时间

（注：空格不够用，可以另接）

第二条　质量标准、用途：_____
第三条　包装标准、包装物供应和回收及费用负担：_____
第四条　损耗标准和计算方法：_____
第五条　交（提）货方式、地点：_____
第六条　运输方式及到达站（港）及费用负担：_____
第七条　检验标准、方法、时间、地点：_____
第八条　结算方式及期限：_____
第九条　担保方式（也可另立担保合同）：_____
第十条　本合同解除的条件：_____
第十一条　违约责任：_____
第十二条　合同争议的解决方式：本合同在履行过程中发生的争议，由双方当事人协商解决；协商或调解不成的，按下列第____种方式解决：
（一）提交_____仲裁委员会仲裁；
（二）依法向人民法院起诉。

第十三条　本合同自_____生效。

第十四条　其他约定事项：_____

出卖人	买受人	鉴（公）证意见：
出卖人名称（章）： 住所： 法定代表人（签字）： 委托代理人（签字）： 电话： 传真： E-mail： 开户银行： 账号： 邮编：	买受人名称（章）： 住所： 法定代表人（签字）： 委托代理人（签字）： 电话： 传真： E-mail： 开户银行： 账号： 邮编：	 鉴（公）证机关（章） 经办人： 　年　月　日

（六）商品房买卖合同

（示范文本）

合同编号：_____

合同双方当事人：
出卖人：_____
注册地址：_____
营业执照注册号：_____
企业资质证书号：_____
法定代表人：_____ 联系电话：_____ E-mail：_____
邮编：_____ 传真：_____
委托代理人：_____ 地址：_____
邮编：_____ 电话：_____
传真：_____ E-mail：_____
委托代理机构：_____
注册地址：_____
营业执照注册号：_____
法定代表人：_____ 联系电话：_____ E-mail：_____
邮编：_____ 传真：_____
买受人：_____
【本人】【法定代表人】姓名：_____ 国籍_____
（身份证）（护照）（营业执照注册号）：_____
地址：_____
邮编：_____ 联系电话：_____ 传真_____
E-mail：_____
【委托代理人】名：_____ 国籍：_____
地址：_____
邮编：_____ 联系电话：_____ 传真：_____ E-mail：_____

根据《中华人民共和国合同法》、《中华人民共和国城市房地产管理法》及其他有关法律、法规之规定，买受人和出卖人在平等、自愿、协商一致的基础上就买卖商品房达成如下协议：

第一条　项目建设依据

出卖人以＿＿＿＿方式取得位于＿＿＿＿、编号为＿＿＿＿的地块的建设用地使用权。（土地使用权出让合同号）（土地使用权划拨批准文件号）（划拨土地使用权转让批准文件号）为＿＿＿＿。

该地块土地面积为＿＿＿＿。规划用途为＿＿＿＿，土地使用年限自＿＿＿年＿＿月＿＿日至＿＿年＿＿月＿＿日。

出卖人经批准，在上述地块上建设商品房，（现定名）（暂定名）＿＿＿＿。建设工程规划许可证号为＿＿＿＿，施工许可证号为＿＿＿＿。

第二条　商品房销售的依据

买受人购买的商品房为（现房）（预售商品房）。预售商品房批准机关为＿＿＿＿，商品房预售许可证号为＿＿＿＿。

第三条　买受人所购商品房的基本情况

买受人购买的商品房（以下简称该商品房，其房屋平面图见本合同附件一），为本合同第一条规定的项目中的：

第＿＿＿（幢）（座）＿＿＿（单元）（屋）＿＿＿号房。

该商品房的用途为＿＿＿，属＿＿＿结构，屋高为＿＿＿。建筑层数地上＿＿＿层，地下＿＿＿层。

该商品房阳台是（封闭式、非封闭）。

该商品房（合同约定）（产权登记）建筑面积共＿＿＿平方米。其中套内建筑面积＿＿＿平方米，公共部位与公用房屋分摊建筑面积＿＿＿平方米（有关公共部位与公用房屋，分摊建筑面积构成说明见附件二）。＿＿＿＿

第四条　计价方式与价款

出卖人与买受人约定按下述第＿＿＿种方式，计算该商品房价款（货币单位人民币）：

1. 按建筑面积计算，该商品房单价为每平方米＿＿＿元，总金额（＿＿＿币）＿＿＿仟＿＿＿佰＿＿＿拾＿＿＿万＿＿＿仟＿＿＿佰＿＿＿拾＿＿＿元整。

2. 按套内建筑面积计算，该商品房单价为每平方米____元，总金额（____币）____仟____佰____拾____万____仟____佰____拾____元整。

3. 按套（单元）计算，该商品房总价款为（____币）____仟____佰____拾____万____仟____佰____拾____元整。

4. _____。

第五条　面积确认及面积差异处理

根据当事人选择的计价方式，本条规定以建筑面积、套内建筑面积、本条款中均简称面积为依据，进行面积确认以及面积差异处理。

当事人选择按套计价的，不适用本条约定。

合同约定面积与产权登记面积有差异的，以产权登记面积为准。

商品房交付后，产权登记面积与合同约定面积发生差异，双方同意按____种方式进行处理：

1. 双方自行约定：

（1）

（2）

（3）

2. 双方同意按以下原则处理：

（1）面积误差比绝对值在3%以内（含3%）的，据实结算房价款。

（2）面积误差比绝对值超出3%时，买受人有权退房。

买受人退房的，出卖人在买受人提出退房之日起30天内将买受人已付款退还给买受人，并按____利率付给利息。

买受人不退房的，产权登记面积大于合同约定面积时，面积误差比在3%以内（含3%）部分的房价款由买受人补足；超出3%部分的房价款由出卖人承担，产权归买受人。产权登记面积小于合同登记面积时，面积误差比绝对值在3%以内（含3%），部分的房价款由出卖人返还买受人；绝对值超出3%部分的房价款由出卖人双倍返还买受人。

$$面积误差比 = \frac{产权登记面积 - 合同约定面积}{合同约定面积} \times 100\%$$

因设计变更造成面积差异，双方不解除合同的，应当签署补充协议。

第六条　付款方式及期限

买受人按下列第____种方式按期付款：

1. 一次性付款_____。
2. 分期付款_____。
3. 其他方式_____。

第七条　买受人逾期付款的违约责任

买受人如未按本合同规定的时间付款，按下列第____种方式处理：

1. 按逾期时间，分别处理（不作累加）。

①逾期在____日之内，自本合同规定的应付款期限之第二天起至实际全额支付应付款之日止，买受人按日向出卖人支付逾期应付款万分之____的违约金，合同继续履行。

②逾期超过____日后，出卖人有权解除合同。出卖人解除合同的，买受人按累计应付款的____%向出卖人支付违约金。出卖人愿意继续履行合同的，合同继续履行，自本合同规定的应付款期限之第二天起至实际全额支付应付款之日止，买受人按日向出卖人支付逾期应付款万分之____（该比率应不小于第①项中的比率）的违约金。

本条中的逾期应付款指依照本合同第七条规定的到期应付款与该期实际已付款的差额；采取分期付款的，按相应的分期应付款与该期的实际已付款的差额确定。

2. _____。

第八条　交付期限及条件

出卖人应当在____年____月____日前，依照国家和地方人民政府的有关规定，将具备下列____种条件，并符合本合同约定的商品房交付买受人使用：

1. 该商品房经验收合格。
2. 该商品房经综合验收合格。
3. 该商品房经分期综合验收合格。
4. 该商品房取得商品住宅交付使用批准文件。
5. _____。

但如遇到下列特殊原因，除双方协商同意解除合同或变更合同外，出卖人可据实予以延期：

1. 遭遇不可抗力，且出卖人在发生之日起＿＿＿内告知买受人的。
2. ＿＿＿＿＿＿＿＿＿＿＿＿＿＿＿＿＿＿＿＿＿＿＿＿＿
3. ＿＿＿＿＿＿＿＿＿＿＿＿＿＿＿＿＿＿＿＿＿＿＿＿＿

第九条　出卖人逾期交房的违约责任

除本合同第八条规定的特殊情况以外，出卖人如未按本合同规定的期限将该商品房交付买受人使用，按下列第＿＿＿种方式处理：

1. 按逾期时间，分别处理（不作累加）。

①逾期不超过＿＿＿＿＿＿＿日，自本合同第八条规定的最后期限的第二天起至实际交付之日止，出卖人按日向买受人支付已交付房价款万分之＿＿＿的违约金，合同继续履行；

②逾期超过＿＿＿日后，买受人有权解除合同。买受人解除合同的，出卖人应当自买受人解除合同通知到达之日起＿＿＿天内退还全部已付购房款，并按买受人累计已付购房款的＿＿＿％向买受人支付违约金。买受人要求继续履行合同的，合同继续履行，自本合同第八条规定的最后交付期限的第二天起至实际交付之日止，出卖人按日向买受人支付已交付房价款万分之＿＿＿（该比率应不小于第①项中的比率）的违约金。

2. ＿＿＿＿＿＿＿＿＿＿＿＿＿＿＿＿＿。

第十条　规划、设计变更的约定

经规划部门批准的规划变更、设计单位同意的设计变更，导致下列影响到买受人所购商品房质量或使用功能的，出卖人应当在有关部门批准同意之日起 10 日内，书面通知买受人：

1. 该商品房结构形式、户型、空间尺寸、朝向。
2. ＿＿＿＿＿＿＿＿＿＿＿＿＿＿＿＿
3. ＿＿＿＿＿＿＿＿＿＿＿＿＿＿＿＿

买受人有权在通知到达之日起 15 日内作出是否退房的书面答复。买受人在通知到达之日起 15 日内未作出书面答复的，视接受变更。出卖人未在规定时限内通知买受人的，买受人有权退房。

买受人退房的，出卖人须在买受人提出退房要求之日起＿＿＿天内将买受人已付款还给买受人，并按＿＿＿利率付给利息；买受人不退房的，应当与出卖人另行签订补充协议。

第十一条 交接

商品房达到交付使用条件后，出卖人应当书面通知买受人办理交付手续。双方进行验收交接时，出卖人应当出示本合同第八条规定的证明文件，并签署房屋交接单。所购商品房为住宅的，出卖人还需提供《住宅质量保证书》和《住宅使用说明书》。出卖人不出示证明文件或出示证明文件不齐全，买受人有权拒绝交接，由此产生的延期交房责任由出卖人承担。

由于买受人原因，未能按期交付的，双方同意按以下方式处理：

_____

第十二条 出卖人保证销售的商品房没有产权纠纷和债权债务纠纷。因出卖人原因，造成该商品房不能办理产权登记或发生债权债务纠纷的，由出卖人承担全部责任。

_____。

第十三条 出卖人关于装饰、设备标准承诺的违约责任

出卖人交付使用的商品房的装饰、设备标准应符合双方约定（附件三）的标准。达不到约定标准的，买受人有权要求出卖人按照下述第____种方式处理：

1. 出卖人赔偿双倍的装饰、设备差价。
2. _____。

第十四条 出卖人关于基础设施、公共配套建筑正常运行的承诺

出卖人承诺与该商品房正常使用直接关联的下列基础设施、公共配套建筑按以下日期达到使用条件：

1. _____
2. _____

如果在规定日期内未达到使用条件，双方同意按以下方式处理：

1. _____
2. _____

第十五条 关于产权登记的约定

出卖人应当在商品房交付使用后____日内，将办理权属登记需由出卖人提供的资料报产权登记机关备案，如因出卖人的责任，买受人不能在规定期

限内取得房地产权属证书的,双方同意按下列第____项处理:

1. 买受人退房,出卖人在买受人提出退房要求之日起____日内将买受人已付房价款退还给买受人,并按已付房价款____%赔偿买受人损失。

2. 买受人不退房,出卖人按已付房价款的____%向买受人交付违约金。

3. _____

第十六条 保修责任

买受人购买的商品房为住宅的,《住宅质量保证书》作为本合同的附件。出卖人自商品住宅交付使用之日起,按照《住宅质量保修保证书》承诺的内容,承担相应的保修责任。

买受人购买的商品房为非商品住宅的,双方应当以合同附件的形式详细约定保修范围,保修期限和保修责任等内容。

在商品房保修范围和保修期限内发生质量问题,出卖人应当履行保修义务。因不可抗力或者非出卖人原因造成的损坏,出卖人不承担责任,但可协助维修,维修费用由购买人承担。

第十七条 双方可以就下列事项约定

1. 该商品房所在楼宇的屋面使用权_____;

2. 该商品房所在楼宇的外墙面使用权_____;

3. 该商品房所在楼宇的命名权_____;

4. 该商品房所在小区的命名权_____;

5. _____。

第十八条 买受人的房屋仅作_____使用,买受人使用期间不得擅自改变该商品房的建筑主体结构、承重结构和用途。除本合同及其附件另有规定者外,买受人在使用期间有权与其他权利人共同享用与该商品房有关联的公共部位和设施,并按占地和公共部位与公用房屋分摊面积承担义务。

出卖人不得擅自改变与该商品房有关联的公共部位和设施的使用性质。

第十九条 本合同在履行过程中发生的争议,由双方当事人协商解决;协商不成的,按下述第____种方式解决:

1. 提交____仲裁委员会仲裁。

2. 依法向人民法院起诉。

第二十条 本合同未尽事项,可由双方约定后签订补充协议(附件四)。

第二十一条 本合同附件与本合同具有同等法律效力。本合同及其附件内,空格部分填写的文字与印刷文字具有同等效力。

第二十二条 本合同连同附件共＿＿页,一式＿＿份,具有同等法律效力,合同持有情况如下:

＿＿出卖人＿＿份,买受人＿＿份,＿＿份,＿＿份。

第二十三条 本合同自双方签订之日起生效。

第二十四条 商品房预售的,自本合同签订之日起 30 天内,由出卖人向＿＿＿＿申请登记备案。

出卖人（签章）：　　　　　　　买受人（签章）：

法定代表人（签章）：　　　　　法定代表人（签章）：

委托代理人（签章）：　　　　　委托代理人（签章）：

＿＿年＿＿月＿＿日　　　　　　＿＿年＿＿月＿＿日

签于＿＿＿＿＿＿　　　　　　　签于＿＿＿＿＿＿

附件 1：房屋平面图

附件 2：公共部位与公用房屋分摊建筑面积构成说明

附件 3：装饰、设备标准：

　　　　1. 外墙；2. 内墙；3. 顶棚；4. 地面；5. 门窗；

　　　　6. 厨房；7. 卫生间；8. 阳台；9. 电梯；10. 其他。

附件 4：合同补充协议

（七）建筑安装工程承包合同

（参考文本）

合同编号：_____

出卖人：_____　　　　　　　　　　签订地点：_____

买受人：_____　　　　　　　　　　签订时间：__年__月__日

工程名称：_____

工程编号：_____

发包方：_____

承包方：_____

根据《中华人民共和国合同法》和《建筑安装工程承包合同条例》及有关规定，为明确双方在施工过程中的权利、义务和经济责任，经双方协商同意签订本合同。

第一条　工程项目

一、工程名称：_____

二、工程地点：_____

三、工程项目批准单位_____

批准文号_____（指此工程立项有权批准机关的文号）项目主管单位：_____

四、承包范围和内容：（详见附件1：项目一览表）；工程建筑面积_____（平方米）；其他：_____。

五、工程造价：_____（万元），其中土建：_____（万元），安装：_____（万元）。

第二条　发包方

1. ___月___日前做好建筑红线以外的"三通"，负责红线外进场道路的维修。

2. ___月___日前，负责接通施工现场总的施工用水源、电源、变压器（包括水表、配电板），应满足施工用水、用电量的需要。做好红线以内场地平整，拆迁障碍物的资料。

3. 本合同签订后＿＿＿天内提交建筑许可证。

4. 合同签订后＿＿＿天内（以收签最后一张图纸为准）提供完整的建筑安装施工图＿＿＿份，施工技术资料（包括地质及水准点坐标控制点）＿＿＿份。

5. 组织承、发包双方和设计单位及有关部门参加施工图交底会审，并做好三方签署的交底会审纪要，在＿＿＿天内分送有关单位，＿＿＿天内提供会审纪要和修改施工图＿＿＿份。

承包方：

1. 负责施工区域的临时道路、临时设施、水电管线的铺设、管理、使用和维修工作；

2. 组织施工管理人员和材料、施工机械进场；

3. 编制施工组织设计或施工方案、施工预算、施工总进度计划，材料设备、成品、半成品等进场计划（包括月计划），用水、用电计划，送发包方。

第三条 工程期限

一、根据国家工期定额和使用需要，商定工程总工期为＿＿＿天（日历天），自＿＿＿年＿＿＿月＿＿＿日开工至＿＿＿年＿＿＿月＿＿＿日竣工验收（附各单位工程开竣工日期，见附件一）。

二、开工前＿＿＿天，承包方向发包方发出开工通知书。

三、如遇下列情况，经发包方现场代表签证后，工期相应顺延：

1. 按施工准备规定，不能提供施工场地、水、电源道路未能接通，障碍物未能清除，影响进场施工；

2. 凡发包方负责供应的材料、设备、成品或半成品未能保证施工需要或因交验时发现缺陷需要修、配、代、换而影响进度；

3. 不属包干系数范围内的重大设计变更，提供的工程地质资料不准，致使设计方案改变或由于施工无法进行的原因而影响进度；

4. 在施工中如因停电、停水 8 小时以上或连续间歇性停水、停电 3 天以上（每次连续 4 小时以上），影响正常施工；

5. 非承包方原因而监理签证不及时而影响下一道工序施工；

6. 未按合同规定拨付预付款、工程进度款或代购材料差价款而影响施工；

7. 人力不可抗拒的因素而延误工期。

第四条　工程质量

一、本工程质量经双方研究要求达到：＿＿＿＿＿＿＿＿＿＿。

二、承包方必须严格按照施工图纸、说明文件和国家颁发的建筑工程规范、规程和标准进行施工，并接受发包方派驻代表的监督。

三、承包方在施工过程中必须遵守下列规定：

1. 由承包方提供的主要原材料、设备、构配件、半成品必须按有关规定提供质量合格证，或进行检验合格后方可用于工程；

2. 由发包方提供的主要原材料、设备、构配件、半成品也必须有质量合格证方可用于工程。对材料改变或代用必须经原设计单位同意并发正式书面通知和发包方派驻代表签证后，方可用于工程；

3. 隐蔽工程必须经发包方派驻代表检查、验收签章后，方可进行下一道工序；

4. 承包方应按质量验评标准对工程进行分项、分部和单位工程质量进行评定，并及时将单位工程质量评定结果送发包方和质量监督站。单位工程结构完工时，应会同发包方、质量监督站进行结构中间验收；

5. 承包方在施工中发生质量事故，应及时报告发包方派驻代表和当地建筑工程质量监督站。一般质量事故的处理结果应送发包方和质量监督站备案；重大质量事故的处理方案，应经设计单位、质量监督站、发包方等单位共同研究，并经设计建设单位签证后实施；

第五条　建筑材料、设备的供应、验收和差价处理

一、由发包方供应以下材料、设备的实物或指标（详见附件2）；

二、除发包方供应以外的其他材料、设备由承包方采购；

三、发包方供应、承包方采购的材料、设备，必须附有产品合格证才能用于工程，任何一方认为对方提供的材料需要复验的，应允许复验。经复验符合质量要求的，方可用于工程，其复验费由要求复验方承担；不符合质量要求的，应按有关规定处理，其复验费由提供材料、设备方承担。

四、本工程材料和设备差价的处理办法：＿＿＿＿＿＿。

第六条　工程价款的支付与结算

工程价款的支付和结算，应根据中国人民建设银行制定的"基本建设工程价款结算办法"执行。

一、本合同签订后____日内，发包方支付不少于合同总价（或当年投资额）的____%备料款，计人民币____万元；临时设施费，按土建工程合同总造价的____%计人民币____万元，安装工程按人工费的____%计人民币____万元；材料设备差价____万元，分__次支付，每次支付时间、金额____。

二、发包方收到承包方的工程进度月报后必须在____日内按核实的工程进度支付进度款，工程进度款支付达到合同总价的____%时，按规定比例逐步开始扣回备料款。

三、工程价款支付达到合同总价款的95%时，不再按进度付款，办完交工验收后，待保修期满连本息（财政拨款不计息）一次支付给承包方。

四、如发包方拖欠工程进度款或尾款，应向承包方支付拖欠金额每日万分之____的违约金。

五、确因发包方拖欠工程款、代购材料价差款而影响工程进度，造成承包方的停、窝工损失的，应由发包方承担。

六、本合同造价结算方式：_____

七、承包方在单项工程竣工验收后____天内，将竣工结算文件送交发包方和经办银行审查，发包方在接到结算文件____天内审查完毕，如到期未提出书面异议，承包方可请求经办银行审定后拨款。

第七条 施工与设计变更

一、发包方交付的设计图纸、说明和有关技术资料，作为施工的有效依据，开工前由发包方组织设计交底和三方会审作出会审纪要，作为施工的补充依据，承、发包双方均不得擅自修改。

二、施工中如发现设计有错误或严重不合理的地方，承包方及时以书面形式通知发包方，由发包方及时会同设计等有关单位研究确定修改意见或变更设计文件，承包方按修改或变更的设计文件进行施工。若发生增加费用（包括返工损失、停工、窝工、人员和机械设备调迁、材料构配件积压的实际损失）由发包方负责，并调整合同造价。

三、承包方在保证工程质量和不降低设计标准的前提下，提出修改设计、修改工艺的合理化建议，经发包方、设计单位或有关技术部门同意后采取实施，其节约的价值按国家规定分配。

四、发包方如需设计变更，必须由原设计单位作出正式修改通知书和修改图纸，承包方才予实施。重大修改或增加造价时，必须另行协商，在取得投资落实证明，技术资料设计图纸齐全时，承包方才予实施。

第八条　工程验收

一、竣工工程验收，以国家颁发的《关于基本建设项目竣工验收暂行规定》、《工程施工及验收规范》、《建筑安装工程质量检验评定标准》和国务院有关部门制订的竣工验收规定及施工图纸及说明书、施工技术文件为依据。

二、工程施工中地下工程、结构工程必须具有隐蔽验收签证、试压、试水、抗渗等记录。工程竣工质量经当地质量监督部门检验合格后，发包方须及时办理验收签证手续。

三、工程竣工验收后，发包方方可使用。

第九条　质量保修

一、承包方应按《中华人民共和国建筑法》、《建设工程质量管理条例》和建设部《房屋建筑工程质量保修办法》的有关规定，对交付发包方使用的工程在质量保修期内承担质量保修责任。

二、承包方应在工程竣工验收之前，与发包方签订质量保修书，作为本合同附件（见附件3）。

三、质量保修书的主要内容包括：

1. 质量保修项目内容及范围；
2. 质量保修期（质量保修期自工程竣工验收合格之日起计算）；
3. 质量保修责任＿＿＿＿＿＿＿＿＿＿＿＿＿＿；
4. 保修费用＿＿＿＿＿＿＿＿＿＿＿＿＿＿＿＿。

第十条　违约责任

承包方的责任：

一、工程质量不符合合同规定的，负责无偿修理或返工。由于修理或返工造成逾期交付的，偿付逾期违约金。

二、工程不能按合同规定的工期交付使用的，按合同中第九条关于建设工期提前或拖后的奖罚规定偿付逾期罚款。

发包方的责任：

一、未能按照合同的规定履行自己应负的责任，除竣工日期得以顺延外，还应赔偿承包方由此造成的实际损失。

二、工程中途停建、缓建或由于设计变更以及设计错误造成的返工，应采取措施弥补或减少损失。同时，赔偿承包方由此造成的停工、窝工、返工、倒运、人员和机械设备调迁、材料和构件积压的实际损失。

三、工程未经验收，发包方提前使用或擅自动用，由此而发生的质量或其他问题，由发包方承担责任。

四、承包方验收通知书送达____日后不进行验收的，按规定偿付逾期违约金。

五、不按合同规定拨付工程款，按银行有关逾期付款办法的规定延付金额每日万分之三偿付承包方赔偿金。

第十一条　合同争议的解决方式

本合同在履行过程中发生的争议，由当事人双方协商解决。协商不成的，按下列第____种方式解决：

1. 提交_____仲裁委员会仲裁；
2. 依法向人民法院起诉。

第十二条　附　则

一、本合同一式____份，合同附件____份。甲乙双方各执正本一份，其余副本由发包方报送经办银行、当地工商行政管理机关、建设主管部门备案。按规定必须办理鉴（公）证的合同，送建筑物所在地工商、公证部门办理鉴（公）证。

二、本合同自双方代表签字，加盖双方公章或合同专用章即生效，需办理鉴（公）证的，自办毕鉴（公）证之日起生效；工程竣工验收符合要求，结清工程款后终止。

三、本合同签订后，承、发包双方如需要提出修改时，经双方协商一致后，可以签订补充协议，作为本合同的补充合同。

附　录　合同示范文本和参考文本　　　　　　·117·

承包方（盖章）： 法定代表人（签章）： 委托代理人（签章）： 单位地址： 开户银行： 账号： 电话： 传真： E-mail： 邮政编码： 　　　　年　月　日	发包方（盖章）： 法定代表人（签章）： 委托代理人（签章）： 单位地址： 开户银行： 账号： 电话： 传真： E-mail： 邮政编码： 　　　　年　月　日

经办建设银行 （盖章） 年　月　日	建筑管理部门 （盖章） 年　月　日	鉴（公）证意见 鉴（公）证机关（盖章） 经办人： 年　月　日

附件1

工程项目一览表

建设单位：

序号	工程名称	设计单位	栋数	结构	层数	面积	奖金来源	批准文号	投资总额（万元）	工程总造价（万元）	开工时间	竣工时间	备注

注：维修、屋外、管道、给排水等项目也应按此表逐项填写。

附件2

由发包方负责供应设备和材料表

材料名称	规格	单位	数量	交料地点	到场日期	备注

附件3：工程质量保修书（略）

（八）建筑装饰工程施工合同

（示范文本）

发包方（甲方）：_____
承包方（乙方）：_____

按照《中华人民共和国经济合同法》和《建筑安装工程承包合同条例》的规定，结合本工程具体情况，双方达成如下协议。

第一条 工程概况
1.1 工程名称：_____
1.2 工程地点：_____
1.3 承包范围：_____
1.4 承包方式：_____
1.5 工期：本工程自___年___月___日开工，于___年___月___日竣工。
1.6 工程质量：_____
1.7 合同价款（人民币大写）：_____

第二条 甲方工作

2.1 开工前___天，向乙方提供经确认的施工图纸或作法说明___份，并向乙方进行现场交底。全部腾空或部分腾空房屋，清除影响施工的障碍物。对只能部分腾空的房屋中所滞留的家具、陈设等采取保护措施。向乙方提供施工所需的水、电、气及电讯等设备，并说明使用注意事项。办理施工所涉及的各种申请、批件等手续。

2.2 指派____为甲方驻工地代表，负责合同履行。对工程质量、进度进行监督检查，办理验收、变更、登记手续和其他事宜。

2.3 委托____监理公司进行工程监理，监理公司任命____为总监理工程师，其职责在监理合同中应明确，并将合同副本交乙方____份。

2.4 负责保护好周围建筑物及装修、设备管线、古树名木、绿地等不受损坏，并承担相应费用。

2.5 如确实需要拆改原建筑物结构或设备管线，负责到有关部门办理相应审批手续。

2.6 协调有关部门做好现场保卫、消防、垃圾处理等工作，并承担相应费用。

第三条 乙方工作

3.1 参加甲方组织的施工图纸或作法说明的现场交底，拟定施工方案和进度计划，交甲方审定。

3.2 指派_____为乙方驻工地代表，负责合同履行。按要求组织施工，保质、保量、按期完成施工任务，解决由乙方负责的各项事宜。

3.3 严格执行施工规范、安全操作规程、防火安全规定、环境保护规定。严格按照图纸或作法说明进行施工，做好各项质量检查记录。参加竣工验收，编制工程结算。

3.4 遵守国家或地方政府及有关部门对施工现场管理的规定，妥善保护好施工现场周围建筑物、设备管线、古树名木不受损坏。做好施工现场保卫和垃圾销纳等工作，处理好由于施工带来的扰民问题及与周围单位（住户）的关系。

3.5 施工中未经甲方同意或有关部门批准，不得随意拆改原建筑物结构及各种设备管线。

3.6 工程竣工未移交甲方之前，负责对现场的一切设施和工程成品进行保护。

第四条 关于工期的约定

4.1 甲方要求比合同约定的工期提前竣工时，应征得乙方同意，并支付乙方因赶工采取的措施费用。

4.2 因甲方未按约定完成工作，影响工期，工期顺延。

4.3 因乙方责任，不能按期开工或中途无故停工，影响工期，工期不顺延。

4.4 因设计变更或非乙方原因造成的停电、停水、停气及不可抗力因素影响，导致停工 8 小时以上（一周内累计计算），工期相应顺延。

第五条 关于工程质量及验收的约定

5.1 本工程以施工图纸、作法说明、设计变更和《建筑装饰工程施工及验收规范》（JGJ73—91）、《建筑安装工程质量检验评定统一标准》（GBJ300—88）等国家制订的施工及验收规范为质量评定验收标准。

5.2 本工程质量应达到国家质量评定合格标准。甲方要求部分或全部工程项目达到优良标准时，应向乙方支付由此增加的费用。

5.3 甲、乙双方应及时办理隐蔽工程和中间工程的检查与验收手续。甲方不按时参加隐蔽工程和中间工程验收，乙方可自行验收，甲方应予承认。若甲方要求复验时，乙方应按要求办理复验。若复验合格，甲方应承担复验费用，由此造成停工，工期顺延；若复验不合格，其验收返工费用由乙方承担，但工期应予顺延。

5.4 由于甲方提供的材料、设备质量不合格而影响工程质量，其返工费用由甲方承担，工期顺延。

5.5 由于乙方原因造成质量事故，其返工费用由乙方承担，工期不顺延。

5.6 工程竣工后，乙方应通知甲方验收，甲方自接到验收通知＿＿＿日内组织验收，并办理验收、移交手续。如甲方在规定时间内未能组织验收，需及时通知乙方，另定验收日期。但甲方应承认竣工日期，并承担乙方的看管费用和相关费用。

第六条 关于工程价款及结算的约定

6.1 双方商定本合同价款采用第＿＿＿种：

（1）固定价格。

（2）固定价格加＿＿＿%包干风险系数计算。包干风险包括内容。

（3）可调价格：按照国家有关工程计价规定计算造价，并按有关规定进行调整和竣工结算。

6.2 本合同生效后，甲方分＿＿＿次，按下表约定支付工程款，尾款竣工结算时一次结清。

6.3 工程竣工验收后，乙方提出工程结算并将有关资料送交甲方。甲方自接到上述资料＿＿＿天内审查完毕，到期未提出异议，视为同意。并在＿＿＿天内，结清尾款。

第七条 关于材料供应的约定

7.1 本工程甲方负责采购供应的材料、设备（见附表一），应为符合设计要求的合格产品，并应按时供应到现场。凡约定由乙方提货的，甲方应将提货手续移交给乙方，由乙方承担运输费用。由甲方供应的材料、设备发生了质量问题或规格差异，对工程造成损失，责任由甲方承担。甲方供应的材料，经乙方验收后，由乙方负责保管，甲方应支付材料价值____%的保管费。由于乙方保管不当造成损失，由乙方负责赔偿。

7.2 凡由于乙方采购的材料、设备，如不符合质量要求或规格有差异，应禁止使用。若已使用，对工程造成的损失由乙方负责。

第八条 有关安全生产和防火的约定

8.1 甲方提供的施工图纸或作法说明，应符合《中华人民共和国消防条例》和有关防火设计规范。

8.2 乙方在施工期间应严格遵守《建筑安装工程安全技术规程》、《建筑安装工人安全操作规程》、《中华人民共和国消防条例》和其他相关的法规、规范。

8.3 由于甲方确认的图纸或作法说明，违反有关安全操作规程、消防条例和防火设计规范，导致发生安全或火灾事故，甲方应承担由此产生的一切经济损失。

8.4 由于乙方在施工生产过程中违反有关安全操作规程、消防条例，导致发生安全或火灾事故，乙方应承担由此引发的一切经济损失。

第九条 奖励和违约责任

9.1 由于甲方原因导致延期开工或中途停工，甲方应补偿乙方因停工、窝工所造成的损失。每停工或窝工一天，甲方支付乙方____元。甲方不按合同的约定拨付款，每拖期一天，按付款额的____%支付滞纳金。

9.2 由于乙方原因，逾期竣工，每逾期一天，乙方支付甲方____元违约金。甲方要求提前竣工，除支付赶工措施费外，每提前一天，甲方支付乙方____元，作为奖励。

9.3 乙方按照甲方要求，全部或部分工程项目达到优良标准时，除按本合同 5.2 款增加优质价款外，甲方支付乙方____元，作为奖励。

9.4 乙方应妥善保护甲方提供的设备及现场堆放的家具、陈设和工程成品，如造成损失，应照价赔偿。

9.5 甲方未办理任何手续，擅自同意拆改原有建筑物结构或设备管线，由此发生的损失或事故（包括罚款），由甲方负责并承担损失。

9.6 未经甲方同意，乙方擅自拆改原建筑物结构或设备管线，由此发生的损失或事故（包括罚款），由乙方负责并承担损失。

9.7 未办理验收手续，甲方提前使用或擅自动用，造成损失由甲方负责。

9.8 因一方原因，合同无法继续履行时，应通知对方，办理合同终止协议，并由责任方赔偿对方由此造成的经济损失。

第十条　争议或纠纷处理

10.1 本合同在履行期间，双方发生争议时，在不影响工程进度的前提下，双方可采取协商解决或请有关部门进行调解。

10.2 当事人不愿通过协商、调解解决或者协商、调解不成时，本合同在执行中发生的争议可由仲裁委员会仲裁，也可向人民法院起诉。

第十一条　其他约定

第十二条　附则

12.1 本工程需要进行保修或保险时，应另订协议。

12.2 本合同正本两份，双方各执一份。副本____份，甲方执____份，乙方执____份。

12.3 本合同履行完成后自动终止。

12.4 附件

（1）施工图纸或作法说明

（2）工程项目一览表

（3）工程预算书

（4）甲方提供货物清单

（5）会议纪要

（6）设计变更

（7）其他

甲方（盖章）：　　　　　乙方（盖章）：

法定代表人：　　　　　　法定代表人：

代理人：　　　　　　　　代理人：

单位地址：　　　　　　　单位地址：

电话：   电话：
传真：   传真：
E-mail：   E-mail：
邮编：   邮编：
开户银行：   开户银行：
户名：   户名：
账号：   账号：

　年　月　日   年　月　日

附件
×××工程甲方供应材料设备一览表

序号	材料或设备名称	规格型号	单位	数量	金额	供应时间	送达地址	备注

（九）租赁合同

（示范文本）

合同编号：_____
出租人：_____　　　　　　　　　　签订地点：_____
受租人：_____　　　　　　　　　　签订时间：__年__月__日

第一条　租赁物
1. 名称：_____
2. 数量及相关配套设施：_____
3. 质量状况：_____
第二条　租赁期限____年____月____日，自____年____月____日至____年____月____日。
（提示：租赁期限不得超过二十年。超过二十年的，超过部分无效）。
第三条　租赁物的用途或性质：_____
租赁物的使用方法：_____
第四条　租金、租金支付期限及方式
1. 租金（大写）：_____
2. 租金支付期限：_____
3. 租金支付方式：_____
第五条　租赁物交付的时间、地点、方式及验收_____
_____
第六条　租赁物的维修
1. 出租人维修范围、时间及费用承担：_____
2. 承租人维修范围及费用承担：_____
第七条　因租赁物维修影响承租人使用____天的，出租人应相应减少租金或延长租期。其计算方法是：_____
第八条　租赁物的改善或增设他物
出租人（是否）允许承租人对租赁物进行改善或增设他物。改善或增设他物不得因此损坏租赁物。

租赁合同期满时，对租赁物的改善或增设的他物的处理办法是：_____

第九条　出租（是否）允许承租人转租赁物

第十条　违约责任：_____

第十一条　合同争议的解决方式：本合同在履行过程中发生的争议，由双方当事人协商解决，也可以由当地工商行政管理部门调解；协商或调解不成的，按下列第____种方式解决：

（一）提交_____仲裁委员会仲裁；

（二）依法向人民法院起诉。

第十二条　租赁期届满，双方有意续订的，可在租赁期满前____日续订租赁合同。

第十三条　租赁期满租赁物的返还时间为_____

第十四条　其他约定事项：_____

第十五条　本合同未作规定的，按照《中华人民共和国合同法》的规定执行。

出租人	承租人	鉴（公）证意见：
出租人（签字、章）：	承租人（签字、章）：	
住所：	住所：	
法定代表人（签字）：	法定代表人（签字）：	
委托代理人（签字）：	委托代理人（签字）：	
电话：	电话：	
传真：	传真：	鉴（公）证机关（章）
E-mail：	E-mail：	经办人：
开户银行：	开户银行：	
账号：	账号：	年　月　日
法定代表人身份证号：	法定代表人身份证号：	

（十）保管合同

（示范文本）

合同编号：_____

保管人：_____　　　　　　　　签订地点：_____

寄存人：_____　　　　　　　　签订时间：__年__月__日

第一条　租赁物

保管物名称：_____

性质：_____

数量：_____

价值：_____

第二条　保管场所：_____

第三条　保管方法：_____

第四条　保管物（是/否）有瑕疵，瑕疵是_____

第五条　保管物（是/否）需要采取特殊保管措施。特殊保管措施是_____

第六条　保管物（是/否）有货币、有价证券或者其他贵重物。

第七条　保管物期限自____年____月____日至____年____月____日止。

第八条　寄存人交付保管物时，保管人应当验收，并给付保管凭证。

第九条　保管人（是/否）允许保管人将保管物转交他人保管。

第十条　保管费（大写）_____元。

第十一条　保管费的支付方式与时间_____

第十二条　寄存人未向保管人支付保管费的，保管人（是/否）可以留置保管物。

第十三条　违约责任

第十四条　合同争议的解决方式：本合同在履行过程中发生的争议，由双方当事人协商解决，协商不成的，按下列第____种方式解决。

（一）提交_____仲裁委员会仲裁。

（二）依法向人民法院起诉

第十五条　本合同自_____时成立。

第十六条　其他约定事项_____

保管人：　　　　　　　　　　寄存人：
联系人：　　　　　　　　　　联系人：
电话：　　　　　　　　　　　电话：
传真：　　　　　　　　　　　传真：
E-mail：　　　　　　　　　　E-mail：

年　月　日　　　　　　　　年　月　日

（十一）仓储合同

（示范文本）

合同编号：_____

保管人：_____　　　　　　　　　　签订地点：_____
存货人：_____　　　　　　　　　　签订时间：__年__月__日

第一条　仓储物

品名	品种规格	性质	数量	质量	包装	件数	标记

（注：空格不够用，可以另接）

第二条　储存场所、储存物占用仓库位置及面积_____

第三条　仓储物（是/否）有瑕疵，瑕疵是_____

第四条　仓储物（是/否）需要采取特殊保管措施。特殊保管措施是_____

第五条　仓储物入库检验办法、时间与地点_____

第六条　存货人交付仓储物后，保管人应当给付仓单。

第七条　储存期限自____年____月____日至____年____月____日止。

第八条　仓储物的损耗标准及计算办法：_____

第九条　保管人发现仓储物有变质或损坏的，应及时通知存货人或仓单持有人。

第十条　仓储物（是/否）已办理保险，险种名称_____，保险金额_____；保险期限：_____，保险人名称：_____。

第十一条　仓储物出库检验的办法与时间_____

第十二条　仓储费（大写）：_____元。

第十三条　仓储费结算方式与时间：_____。

第十四条　存货人未向保管人支付仓储费的，保管人（是/否）可以留置仓储物。

　　第十五条　违约责任：＿＿＿＿＿＿＿＿

　　第十六条　合同争议的解决方式：本合同在履行过程中发生的争议，由双方当事人协商解决，协商不成的，按下列第＿＿种方式解决。

　　（一）提交＿＿＿＿＿＿仲裁委员会仲裁。

　　（二）依法向人民法院起诉。

　　第十七条＿＿＿其他约定事项＿＿＿＿＿＿

存货人	保管人	鉴（公）证意见：
存货人（章）： 住所： 法定代表人（签字）： 委托代理人（签字）： 电话： 传真： E-mail： 开户银行： 账号： 邮编：	保管人（章）： 住所： 法定代表人（签字）： 委托代理人（签字）： 电话： 传真： E-mail： 开户银行： 账号： 邮编：	鉴（公）证机关（章） 经办人： 　年　月　日

（十二）委托合同

（示范文本）

合同编号：_____

委托人：_____　　　　　　　　签订地点：_____
受托人：_____　　　　　　　　签订时间：__年__月__日

第一条　委托人委托受托人处理_____。

第二条　受托人处理委托事务的权限与具体要求：

_____

第三条　委托期限自____年____月____日至____年____月____日止。

第四条　委托人（是/否）允许受托人把委托处理的事务转委托给第三人处理。

第五条　受托人有将委托事务处理情况向委托方报告的义务。

第六条　受托人将处理委托事务所取得的财产转交给委托人的时间、地点及方式：_____

第七条　委托人支付受托人处理委托事务所付费用的时间、方式：____

_____

第八条　报酬及支付方式：_____

第九条　本合同解除的条件：_____

第十条　违约责任：_____

第十一条　合同争议的解决方式：本合同在履行过程中发生争议，由双方当事人协商解决；协商不成的，按下列第____种方式解决：

（一）提交_____仲裁委员会仲裁；

（二）依法向人民法院起诉。

第十二条　其他约定事项：_____

____

第十三条　本合同未作规定的，按《中华人民共和国合同法》的规定执行。

委托人（章）：　　　　　　　受委托人（章）：
住所：　　　　　　　　　　　住所：
法定代表人（签字）：　　　　法定代表人（签字）：
电话：　　　　　　　　　　　电话：
传真：　　　　　　　　　　　传真：
E-mail：　　　　　　　　　　E-mail：
开户银行：　　　　　　　　　开户银行：
账号：　　　　　　　　　　　账号：
邮编：　　　　　　　　　　　邮编：

（十三）行纪合同

（示范文本）

合同编号：＿＿＿＿

行纪人：＿＿＿＿　　　　　　　　签订地点：＿＿＿＿

委托人：＿＿＿＿　　　　　　　　签订时间：＿年＿月＿日

第一条　委托人委托行纪人买入（卖出）的货物、数量、价格：

货物名称	商标或品牌	规格型号	生产厂家	计量单位	数量	单价	金额	质量标准	包装要求

合计人民币金额（大写）：

（注：空格不够用，可以另接）

第二条　委托人将委托卖出的货物交付行纪人的时间、地点、方式及费用负担：＿＿＿＿＿＿＿＿＿

第三条　行纪人将买入的货物交付给委托人的同时，地点、方式及费用负担：＿＿＿＿＿＿＿＿＿

第四条　委托人与行纪人结算货物的方式、地点及期限：＿＿＿＿＿

第五条　报酬的计算方式及支付期限：＿＿＿＿＿＿＿＿＿＿

第六条　行纪人以高于委托人指定的价格卖出货物时，报酬的计算方法：＿＿＿＿＿＿＿＿＿＿＿＿＿＿＿＿＿

行纪人以低于委托人指定的价格买入货物时，报酬的计算方法：＿＿＿＿＿＿＿＿＿＿＿＿＿＿

第七条　委托人委托行纪人处理委托事务的期限为：＿＿＿＿＿

第八条　本合同解除的条件：＿＿＿＿＿＿＿＿＿＿

第九条　委托人来向行纪人支付报酬或货物的，行纪人（是/否）可以留置货物。

第十条　违约责任：_____

第十一条　合同争议的解决方式：本合同在履行过程中发生的争议，由双方当事人协商解决，协商不成的，按下列第____种方式解决。

（一）提交_____仲裁委员会仲裁。

（二）依法向人民法院起诉。

第十二条　其他约定事项_____

委托人	行纪人	鉴（公）证意见：
委托人（章）：	行纪人（章）：	
住所	住所	
法定代表人（签字）：	法定代表人（签字）：	
身份证号码：	身份证号码：	
委托代理人（签字）：	委托代理人（签字）：	
电话	电话	鉴（公）证机关（章）
传真：	传真：	经办人：
E-mail：	E-mail：	
开户银行：	开户银行：	年　　月　　日
账号：	账号：	
邮编：	邮编：	

（十四）商品代销合同

（示范文本）

合同编号：_____

委托人：_____　　　　　　　　签订地点：_____

代销人：_____　　　　　　　　签订时间：__年__月__日

第一条　代销商品、数量、价格

商品名称	商标品牌	规格型号	生产厂家	计量单位	数量	单价

合计人民币金额（大写）：

（注：空格不够用，可以另接）

第二条　代销商品的质量标准：_____

第三条　代销商品的交付时间、地点、方式及费用负担：_____

第四条　代销期限从____年____月____日至____年____月____日。

第五条　代销期限终止后，未售出的代销商品的处理_____

第六条　代销商品的报酬计算方法是：_____

第七条　报酬、货物的结算（可按下列方式选择，未选择的划掉）

（1）已售产品的价格每月____日结算一次，代销人的相应报酬从价款中扣除，最后一批代销商品价格与报酬在代销期限终止时结清。

（2）已售商品达百分之____时，代销人与委托人结算一次价款，相应报酬从价款中扣除，最后一批代销商品价款与报酬在代销期限终止时结清。

（3）_____

第八条　本合同解除条件：_____

第九条　违约责任：_____

第十条　合同争议的解决方式：本合同在履行过程中发生的争议，由双方当事人协商解决，协商不成的，按下列第____种方式解决。

（一）提交_____仲裁委员会仲裁。

（二）依法向人民法院起诉。

第十一条　其他约定事项_____

委托人	代销人
委托人（章）：	代销人（章）：
住所：	住所：
法定代表人（签字）：	法定代表人（签字）：
委托代理人（签字）：	委托代理人（签字）：
身份证号码：	身份证号码：
电话：	电话：
传真：	传真：
E-mail：	E-mail：
开户银行：	开户银行：
账号：	账号：
邮编：	邮编：

（十五）居间合同

（示范文本）

合同编号：_____

委托人：_____　　　　　　　　　签订地点：_____

居间人：_____　　　　　　　　　签订时间：__年__月__日

第一条　委托事项及具体要求：_____

第二条　居间期限：从___年___月___日至___年___月___日。

第三条　报酬及支付期限：居间人促成合同成立的，报酬为促成合同成立金额的___%或者（大写）___元。委托人应在合同成立后的___日内支付报酬。未促成合同成立的，居间人不得要求支付报酬。

第四条　居间费用的负担：居间人促成合同成立的，居间活动的费用由居间人负担；未促成合同成立的，委托人应向居间人支付必要费用（大写）___元。

第五条　本合同解除条件：

1. 当事人就解除合同协商一致；

2. 因不可抗力致使不能实现合同目的；

3. 在委托期限届满之前，当事人一方明确表示或者以自己的行为表示不履行主要义务；

4. 当事人一方迟延履行主要义务，经催告后在合理期限内仍未履行；

5. 当事人一方迟延履行义务或者有其他违约行为，致使不能实现合同目的。

第六条　委托人的违约责任：_____

第七条　居间人的违约责任：_____

第八条　合同争议的解决方式：本合同在履行过程中发生的争议，由双方当事人协商解决，也可由当地工商行政管理部门调解；协商不成的，按下列第___种方式解决。

（一）提交_____仲裁委员会仲裁。

（二）依法向人民法院起诉。

第九条　其他约定事项＿＿＿＿＿＿＿＿＿＿＿＿

第十条　本合同未作明确规定的，按《中华人民共和国合同法》的规定执行。

委托人	居间人	鉴（公）证意见：
委托人（章）： 住所： 法定代表人（签字）： 身份证号码： 委托代理人（签字）： 电话： 传真： E-mail： 开户银行： 账号： 邮编：	居间人（章）： 住所： 法定代表人（签字）： 身份证号码： 委托代理人（签字）： 电话： 传真： E-mail： 开户银行： 账号： 邮编：	 鉴（公）证机关（章） 经办人： 　年　月　日

（十六）赠与合同

（示范文本）

合同编号：_____
赠与人：_____   签订地点：_____
受赠人：_____   签订时间：__年__月__日

第一条 赠与财产的名称、数量、质量和价值。
一、名称：_____
二、数量：_____
三、质量：_____
四、价值：_____
赠与的财产属不动产的，该不动产所处的详细位置及状况：_____

第二条 赠与目的：_____

第三条 本赠与合同（是/否）是附义务的赠与合同。所附义务是：_____

第四条 赠与物（是/否）有瑕疵。瑕疵是指赠与物的_____

第五条 赠与财产的交付时间、地点及方式：_____

第六条 合同争议的解决方式：本合同在履行过程中发生的争议，由双方当事人协商解决；协商不成的，按下列第____种方式解决。
（一）提交_____仲裁委员会仲裁。
（二）依法向人民法院起诉。

第七条 本合同未作规定的，按照《中华人民共和国合同法》的规定执行。

第八条 本合同经双方当事人_____生效。

第九条 其他约定事项_____

赠与人（章）：	受赠人（章）：
住所：	住所：
法定代表人（签字）：	法定代表人（签字）：
身份证号码：	身份证号码：
委托代理人（签字）：	委托代理人（签字）：
电话：	电话：
传真：	传真：
E-mail：	E-mail：
邮编：	邮编：

（十七）借款合同

（参考文本）

合同编号：_____

贷款方：_____
借款方：_____
保证方：_____

（借款合同中应否有保证方，应视借款方是否具有银行规定的一定比例的自有资金和适销适用的物资、财产，或者根据借贷一方或双方是否提出担保要求来确定。）

借款方为进行_____生产（或经营活动），向贷款方申请借款，并聘请_____作为保证人，贷款方业已审查批准，经三方（或双方）协商，特订立本合同，以便共同遵守。

第一条 贷款种类_____。

第二条 借款用途_____。

第三条 借款金额人民币（大写）_____元整。

第四条 借款利率。借款利息为千分之_____，利随本清，如遇国家调整利率，按新规定计算。

第五条 借款和还款期限：

1. 借款时间共___年零___个月，自___年___月___日起，至___年___月___日止。借款分期如下：

借款期限	借款时间	借款金额
第一期	年　月底前	元
第二期	年　月底前	元
第三期	年　月底前	元

2. 还款分期如下：

归还期限	还款时间	还款金额	还款时间的利率
第一期	年　　月底前	元	
第二期	年　　月底前	元	
第三期	年　　月底前	元	

第六条　还款资金来源及还款方式

1. 还款资金来源：_____
2. 还款方式：_____

第七条　保证条款

1. 借款方用_____做抵押，到期不能归还贷款方的贷款，贷款方有权处理抵押品，借款方到期如数归还贷款的，抵押权消失。

2. 借款方必须按照借款合同规定的用途使用借款，不得挪作他用，不得用借款进行违法活动。

3. 借款方必须按合同规定的期限还本付息。

4. 借款方有义务接受贷款方的检查，监督贷款的使用情况，了解借款方的计划执行、经营管理、财务活动、物资库存等情况。借款方应提供有关的计划、统计、财务会计报表及资料。

5. 需要有保证人担保时，保证人履行连带责任后，有向借款方追偿的权利，借款方有义务对保证人进行偿还。

6. 由于经营管理不善而关门、破产，确实无法履行合同的，在处理财产时，除了按国家规定用于人员工资和必要的维护费用外，应优先偿还贷款。由于上级主管部门决定关、停、并、转或撤销工程建设等措施，或者由于不可抗力的意外事故致使合同无法履行时，经向贷款方申请，可以变更或解除合同，并免除承担违约责任。

第八条　违约责任

一、借款方的违约责任

1. 借款方不按合同规定的用途使用借款，贷款方有权收回部分或全部贷款，对违约使用的部分，按银行规定的利率加收罚息。情节严重的，在一定时期内，银行可以停止发放新贷款。

2. 借款方如逾期不还借款，借款方有权追回借款，并按银行规定加收罚息。借款方提前还款的，应按规定减收利息。

3. 借款方使用借款造成损失浪费或利用借款合同进行违法活动的，借款方应追回贷款本息，有关单位对直接责任人应追究行政和经济责任。情节严重的，由司法机关追究刑事责任。

二、贷款方的违约责任

1. 贷款方未按期提供贷款，应按违约数额和延期天数，付给借款方违约金。违约金数额的计算应与加收借款方的罚息计算相同。

2. 银行、信用合作社的工作人员，因失职行为造成贷款损失浪费或利用借款合同进行违法活动的，应追究行政和经济责任，情节严重的，应由司法机关追究刑事责任。

第九条 合同争议的解决方式

本合同在履行过程中发生的争议，由双方当事人协商解决；协商不成的，按下列第____种方式解决：

1. 提交_____仲裁委员会仲裁。

2. 依法向人民法院起诉。

第十条 其他

本合同非因法律规定允许变更或解除合同的情况发生，任何一方当事人不得擅自变更或解除合同。当事人一方依照法律规定要求变更或解除本借款合同时，应及时采用书面形式通知其他当事人，并达成书面协议，本合同变更或解除之后，借款方已占用的借款和应付的利息，仍应按本合同的规定偿付。

本合同如有未尽事宜，须经合同各方当事人共同协商作出补充规定，补充规定与本合同具有同等效力。

本合同正本一式三份，贷款方、借款方、保证方各执一份，合同副本一式____。报送_____等有关单位（如经公证或鉴证，应送公证或鉴证机关）各留存一份。

贷款方（公章）：	借款方（章）：	保证方（章）：
代表人（签章）：	代表人（签章）：	代表人（签章）：
地址：	地址：	地址：
开户银行：	开户银行：	开户银行：
账号：	账号：	账号：
电话：	电话：	电话：
传真：	传真：	邮编：
E-mail：	E-mail：	
邮编：	邮编：	

（十八）技术转让合同

（参考文本）

合同登记编号：

技术转让合同书

项目名称：
受让人：
签订地点：_____省_____市（县）
签订日期：_____年_____月_____日
有效期限：_____年_____月_____日至_____年_____月_____日

填写说明

一、"合同登记编号"的填写方法：

合同登记编号为十四位，左起第一、第二位为公历年代号，第三、第四位为省、自治区、直辖市编码，第五、第六位为地、市编码，第七、第八位为合同登记点编号，第九至第十四位为合同登记序号，以上编号不足位的补零。各地区编码按 CB2260-84 规定填写（合同登记序号由各地区自行决定）。

二、技术转让合同是指当事人就专利权转让、专利申请权转让、专利实施许可和非专利技术转让所订立的合同。本合同书适用于非专利技术转让合同。专利权转让合同、专利申请权转让合同、专利实施许可合同，采用专利技术合同书文本签订。

三、计划内项目应填写国务院部委、省、自治区、直辖市、计划单列市、地、市（县）级计划。不属于上述计划项目此栏画（/）表示。

四、技术秘密的范围和保密期限：
是指各方承担技术保密义务的内容，保密的地域范围和保密的起止时间、泄漏技术秘密应承担的责任。

五、使用非专利技术的范围：

是指使用非专利技术的地域范围和具体方式。

六、其他：

合同如果是通过中介机构介绍签订的，应将中介合同作为本合同的附件。如双方当事人约定定金、财产抵押及担保的，应将给付定金、财产抵押及担保手续的复印件作为本合同的附件。

七、委托代理人签订本合同书时，应出具委托证书。

八、本合同书中，凡是当事人约定无须填写的条款，在该条款填写的空白处画（／）表示。

依据《技术合同法实施条例》的规定，合同双方就_____转让（该项目属_____计划※），经协商一致，签订本合同。

一、非专利技术的内容、要求和工业化开发程序。

二、技术情报和资料及其提交期限、地点和方式：

让与人自合同生效之日起____天内，在_____（地点），以_____方式，向受让人提供下列技术资料：_____

三、※本项目技术秘密的范围和保密期限：_____

四、※使用非专利技术的范围：_____

受让人：_____让与人：_____

五、验收标准和方法：

受让人使用该项技术，试生产_____后，达到了本合同第一条所列技术指标，按____标准，采用_____方式验收，由_____人出具技术项目验收证明。

六、经费及其支付方式：

（一）成交总额：_____元。

其中技术交易额（技术使用费）：_____元。

（二）支付方式（采用以下第____种方式）：

①一次总付：_____元，时间：_____

②分期支付：_____元，时间：_____

_____元，时间：_____

③按利润____%提成，期限：_____
④按销售额____%提成，期限：_____
⑤其他方式：_____

七、违约金或者损失赔偿额的计算方法：

违反本合同约定，违约方应当按《技术合同法实施条例》规定承担违约责任。

（一）违反本合同第____条约定，____人应当承担违约责任，承担方式和违约金额如下：_____

（二）违反本合同第____条约定，____人应当承担违约责任，承担方式和违约金额如下：_____

八、技术指导的内容（含地点、方式及费用）：_____

九、后续改进的提供与分享：

本合同所称的后续改进，是指在本合同有效期内，任何一方或者双方对合同标的技术成果所作的革新和改进。双方约定，本合同标的技术成果后续改进由_____人完成，后续改进成果属于_____人。

十、争议的解决办法：

在合同履行过程中发生争议，由双方当事人协商解决；协商不成的，按下列第____种方式解决：

（一）提交_____仲裁委员会仲裁；

（二）依法向人民法院起诉。

十一、名词和术语的解释：_____

十二、※其他（含中介人的权利、义务、服务费及其支付方式、定金、财产抵押、担保等上述条款未尽事宜）：

①_____ ②_____

受让人	名称（或姓名）	（签章）		
	法定代表人	（签章）	委托代理人	（签章）
	联系人	（签章）		
	住所（通讯地址）			
	电话		电话	
	开户银行			
	账号		邮政编码	
让与人	名称（或姓名）	（签章）		
	法定代表人	（签章）	委托代理人	（签章）
	联系人	（签章）		
	住所（通讯地址）			
	电话	电话		
	开户银行			
	账号		邮政编码	
中介人	单位名称		（公章） 年　月　日	
	法定代表人	（签章）	委托代理人	（签章）
	联系人	（签章）		
	住所（通讯地址）			
	电话		电话	
	开户银行			
	账号	邮政编码		

印花税票粘贴处

登记机关审查登记栏：

　　　　　　　　　　　　　　　技术合同登记机关（专用章）
　　　　　　　　　　　　　　经办人：　　（签章）　年　月　日

说明：本合同标有※号的合同条款按填写说明填写。

（十九）合伙合同

（参考文本）

订立合同各合伙人：
姓名____性别____年龄____住址_____
（其他合伙人按上列项目顺序填写）
第一条　合伙宗旨_____
第二条　合伙经营项目和范围_____
第三条　合伙期限
合伙期限为____年____月____日至____年____月____日止。
第四条　出资额、方式、期限

1. 合伙人____（姓名）以____方式出资，计人民币____元（其他合伙人同上顺序列出）。

2. 各合伙人的出资于____年____月____日以前交齐。逾期不交或未交齐的，应对应交未交金额数计付银行利息，并赔偿由此而造成的损失。

3. 本合伙出资共计人民币____元，合伙期间各合伙人的出资为共有财产，不得随意请求分割。合伙终止后，各合伙人的出资仍为个人所有，届时予以返还。

第五条　盈余分配与债务承担

1. 盈余分配以____为依据，按比例分配。

2. 债务承担：合伙债务先由合伙财产偿还，合伙财产不足清偿时，以各合伙人的_____为据，按比例承担。

第六条　入伙、退伙，出资的转让

1. 入伙：①需承认本合同；②需经全体合伙人同意；③执行合同规定的权利义务。

2. 退伙：①需有正当理由方可退伙；②不得在合伙不利时退伙；③退伙需提前____月告知其他合伙人并经全体合伙人同意；④退伙后以退伙时的财产状况进行结算，不论何种方式出资，均以金钱结算；⑤未经合同人同意而自行退伙给合伙造成损失的,应进行赔偿。

3. 出资的转让:允许合伙人转让自己的出资。转让时合伙人有优先受让权,如转让合伙人以外的第三人,第三人按入伙对待,否则以退伙对待转让人。

第七条 合伙负责人及其他合伙人的权利

1. _____为合伙负责人。其权限是:①对外开展业务,订立合同;②对合伙事业进行日常管理;③出售合伙的产品(货物),购进常用货物;④支付合伙债务;⑤_____。

2. 其他合伙人的权利:①参与合伙事业的管理;②听取合伙负责人开展业务情况的报告;③检查合伙账册及经营情况;④共同决定合伙重大事项。

第八条 禁止行为

1. 未经全体合伙人同意,禁止任何合伙人私自以合伙名义进行业务活动;如其业务获得利益归合伙,造成损失按实际损失赔偿。

2. 禁止合伙人经营与合伙竞争的业务。

3. 禁止合伙人再加入其他合伙。

4. 禁止合伙人与本合伙签订合同。

5. 如合伙人违反上述各条,应按合伙实际损失赔偿。劝阻不听者可由全体合伙人决定除名。

第九条 合伙的终止及终止后的事项

1. 合伙因以下事由之一得终止:①合伙期届满;②全体合伙人同意终止合伙关系;③合伙事业完成或不能完成;④合伙事业违反法律被撤销;⑤法院根据有关当事人请求判决解散。

2. 合伙终止后的事项:①即行推举清算人,并邀请____中间人(或公证员)参与清算;②清算后如有盈余,则按收取债权、清偿债务、返还出资、按比例分配剩余财产的顺序进行。固定资产和不可分物,可作价卖给合伙人或第三人,其价款参与分配;③清算后如有亏损,不论合伙人出资多少,先以合伙共同财产偿还,合伙财产不足清偿的部分,由合伙人按出资比例承担。

第十条 纠纷的解决

合伙人之间如发生纠纷,应共同协商,本着有利于合伙事业发展的原则予以解决。协商不成,按下列第____种方式解决。

1. 提交_____仲裁委员会仲裁。
2. 依法向人民法院起诉。

第十一条　本合同自订立并报经工商行政管理机关批准之日起生效并开始营业。

第十二条　本合同如有未尽事宜，应由合伙人集体讨论补充或修改。补充和修改的内容与本合同具有同等效力。

第十三条　其他

第十四条　本合同正本一式____份，合伙人各执一份，送____各存一份。

合伙人（签章）：____电话：_____传真：_____E-mail：_____
合伙人（签章）：____电话：_____传真：_____E-mail：_____

年　月　日

（二十）中外来料加工合同

（参考文本）

订立合同双方：

甲方：中国_____公司，地址_____电话_____

电传_____

乙方：____国_____公司，地址_____电话_____

电传_____

双方为开展来料加工业务，经友好协商，特订立本合同。

第一条　加工内容

乙方向甲方提供加工_____（产品）____套所需的原材料，甲方将乙方提供的原材料加工成产品后交付乙方。

第二条　交货

乙方在合同期间，每个月向甲方提供_____原材料，并负责运至____车站（经____港口）交付甲方；甲方在收到原材料后的____个月内将加工后的成品_____套负责运至_____港口交付乙方。

第三条　来料数量与质量

乙方提供的原材料须含____%的备损率；多供部分不计加工数量。乙方提供给甲方的材料应符合本合同附件一（略）和规格标准。如乙方未能按时、按质、按量提供给甲方应交付的原材料，甲方除对无法履行本合同不负责外，还得向乙方索取停工待料的损失；乙方特此同意确认。

第四条　加工数量与质量

甲方如未能按时、按质、按量交付加工产品，在乙方提出后，甲方应赔偿乙方所受的损失。

第五条　加工费

甲方为乙方进行加工的加工费，在本合同订立时的____年为每套____币____元；合同订立第二年起的加工费双方另议，但不得低于每套____币____元；该加工费是依据合同订立时中国国内和国外劳务费用而确定的，故在中国国内劳务费用水平有变化时,双方将另行议定。

  第六条 付款方式

  乙方将不作价的原材料运交甲方；在甲方向乙方交付本合同产品前一个月,由乙方向甲方开立即期信用证,支付加工费。

  第七条 运输与保险

  乙方将原材料运交甲方的运费和保险费由乙方负责；甲方将本合同产品送交乙方的运费和保险费由甲方负责。

  第八条 不可抗力

  由于战争和严重的自然灾害以及双方同意的其他不可抗力引起的事故,致使一方不能履约时,该方应尽快将事故通知对方,并与对方协商延长履行合同的期限。由此而引起的损失,对方不得提出赔偿要求。

  第九条 仲裁

  本合同在执行期间,如发生争议,双方应本着友好方式协商解决。如未能协商解决,可提请____国____仲裁机构进行仲裁。仲裁适用法律为：

  1. 中华人民共和国加入的国际公约、条约；

  2. 中华人民共和国法律；

  3. 在中国法律无明文规定时,适用国际通行的惯例。

  仲裁裁决为终局裁决,仲裁费用由败诉一方承担。

  第十条 合同有效期

  本合同自签字日起生效。有效期到本合同规定的____套由甲方加工的成品交付乙方,并收到乙方含加工费在内的全部应付费用时终止。

  第十一条 合同的续订

  本合同有效期届满之前____月,如一方需续订合同,可以向对方提请协商。

  第十二条 合同文本与文字

  本合同正本一式____份,甲乙双方各执一份。副本____份交____等单位备案。

  本合同以中、____两国文字书就,两国文字具有同等效力。

  第十三条 其他

  1. 甲方为交付乙方产品而耗用的包装、辅料、运输及保险等项开支,在加工费以外收取，但这些费用不超过每套合同产品的____%。

2. 甲方收到原材料后，应按乙方提供的技术标准，对其规格、品质进行验收。如乙方提供的原材料不符合标准，或数量不足，在甲方向乙方提出检验报告后，乙方负责退换或补足。

第十四条　合同条款的变更

本合同如有未尽事宜，或遇特殊情况需要补充、变更内容，须经双方协商一致。

甲方：_____（盖章）　　乙方：_____（盖章）

代表：_____（签字）　　代表：_____（签字）

电话：____传真：____E-mail：____　电话：____传真：____E-mail：____

见证人：律师_____签字（中国_____律师事务所）

电话：_____传真：_____E-mail：_____

合同订立时间：____年____月____日

合同订立地点：_____

致　　谢

在书稿写作结束之际，我要表达一些发自内心的真诚话语。

多年来，我在长期的合同实务与探索中，撰写了50多篇经济合同论文在国家、省、市级报纸杂志刊载，其中《农村经济合同起因析》一文被《人民日报》刊登，《如何预防欺诈合同的发生》一文被多家新闻媒体作为优秀成果奖和贡献奖收录入册。《从农村经济合同纠纷特点寻找对策》一文获浙江省工商行政管理局调研论文竞赛三等奖。特别是针对第一次农林责任制承包期间土地、山林纠纷增多的状况，我及时撰写了《要重视农村经济合同的鉴证》一文，并被《浙江日报》刊用。《合同订立技巧与风险防范》正是我26年从事合同实务的经验点滴积累与思考的总结。

书稿能得以公开出版，真诚感谢湖北民族学院校长戴小明先生的精心指导；感谢郑至吾律师、汪燕律师对书中谬误的指正；感谢浙江龙游工商局局长夏浩波的关心和支持以及身边同事的帮助；感谢起笔给力人、我的女儿曾子秋，我曾在欣赏她的高中作文时，读到她的作文里写有"如是一个成功的人生，那就该留下点什么……"，孩子的话语虽简单，但分量很重，年幼志远，有催人奋进的启示，无意中就鼓起了我提笔的勇气。我想自己虽不成功，没什么金钱财富，故就安下心来归纳总结您、我、他经济合同的经验和教训，从中感悟出一些道理和规律，从而留下这部自己一生从事的主要工作总结的纪念品！何况一路走来还有幸相逢了您的案例和指导，才产生了本书的一些说理的故事；正因为有了您的指导，才形成了本书的主题观点；正因为有了您的启发，才使得本书得以呈现……

笔者长期在工商行政管理基层一线工作，水平有限，难免有差错和错误观点，谨请读者包涵，或来电、来函批评指导。书稿在论证过程中引用、列举了部分报刊、书籍中的经济合同纠纷案例,在此,对书中案例材料来源的报刊编辑、作者深表感谢,正因为有了你们的生动实例,才丰富了本书的内容;正因为有了你们的辛勤劳动,才有本书说理的附加案源。

  书中附录收录的经济合同20种示范和参考文本,来源于我国合同管理的权威机构——国家工商行政管理局市场管理规范司主编的《中国最新合同范本》一书,特此说明并致谢!

作 者

2012年9月28日